Danilo Marcondes

As armadilhas da linguagem

Significado e ação para além do discurso

Copyright © 2017, Danilo Marcondes

Copyright desta edição © 2017:
Jorge Zahar Editor Ltda.
rua Marquês de S. Vicente 99 – 1º | 22451-041 Rio de Janeiro, RJ
tel (21) 2529-4750 | fax (21) 2529-4787
editora@zahar.com.br | www.zahar.com.br

Todos os direitos reservados.
A reprodução não autorizada desta publicação, no todo
ou em parte, constitui violação de direitos autorais. (Lei 9.610/98)

Grafia atualizada respeitando o novo Acordo Ortográfico da Língua Portuguesa

Contos analisados no cap.7: Fernando Sabino, "Psicopata ao volante", in *A falta que ela me faz*, Rio de Janeiro, Record; Luis Fernando Verissimo, "A aliança", in *As mentiras que os homens contam*, Rio de Janeiro, Objetiva © Luis Fernando Verissimo

Preparação: Kathia Ferreira
Revisão: Nina Lua, Eduardo Monteiro
Capa: celso longo + daniel trench

CIP-Brasil. Catalogação na publicação
Sindicato Nacional dos Editores de Livros, RJ

Marcondes, Danilo
M274a   As armadilhas da linguagem: significado e ação para além do discurso/Danilo Marcondes. – 1.ed. – Rio de Janeiro: Zahar, 2017.

il.

Inclui bibliografia
ISBN 978-85-378-1611-0

1. Filosofia. 2. Análise do discurso. I. Título.

CDD: 100
CDU: 1

À Maria Inês e ao Danilo

Sumário

Introdução: As armadilhas da linguagem 9

1. A linguagem, essa desconhecida: filosofia, linguagem, cultura 13

2. Como e por que a linguagem se tornou importante para a filosofia contemporânea 22

3. Revendo a distinção tradicional: sintaxe, semântica, pragmática 47

4. Wittgenstein e os jogos de linguagem 55

5. A linguagem performativa: Austin e a teoria dos atos de fala 66

6. Atos de fala para além do dizer: um método de análise 88

7. Exercícios de análise do discurso indireto 101

Conclusão 113

Referências bibliográficas 115

Introdução: As armadilhas da linguagem

> "Não há armadilha mais mortal do que a que armamos para nós mesmos."
>
> Raymond Chandler, *O longo adeus*

O estudo da linguagem pode ser desenvolvido em diferentes perspectivas e com objetivos diversos. No contexto contemporâneo e no âmbito da filosofia da linguagem, o estudo da linguagem usada concretamente – ou seja, a pragmática – tem sido pouco explorado. Este livro visa contribuir para a discussão do desenvolvimento de uma concepção pragmática da linguagem que leve a um método crítico de análise do discurso, vale dizer, da linguagem em uso em suas várias dimensões.

As concepções pragmáticas da linguagem mostram que o significado se constitui pelo uso, pelo que fazemos quando utilizamos os signos linguísticos para diferentes propósitos. Nesse sentido, tais concepções vão, ou deveriam ir, em uma direção oposta à das concepções filosóficas que procuram dar à linguagem um tratamento basicamente teórico.

Meu propósito aqui não é desenvolver uma discussão teórica da pragmática e, em especial, dos atos da fala, examinando, por exemplo, a crítica de Jacques Derrida a John Langshaw Austin na *Gramatologia* ou desenvolvimentos propostos por outros teóricos. Mas, sim, dar alguns passos na formulação de um método de análise do discurso indireto.

Há muitas armadilhas no uso da linguagem. Mal-entendidos, incompreensões e falhas na comunicação são algumas delas, mais frequentes do que os filósofos da linguagem parecem supor. É comum dizermos algo e nossos interlocutores entenderem outra coisa bastante diversa. O método de análise que proponho visa dar conta exatamente de pelo menos alguns aspectos de como e por que isso ocorre.

A interação linguística tem a ver com as expectativas do falante sobre o ouvinte e vice-versa – e essas expectativas parecem, por vezes, não coincidir. Pessoas se sentem ofendidas por declarações que o falante considera absolutamente inocentes. Pessoas interpretam ordens e instruções de forma diferente do pretendido por quem as deu. E, contudo, falam a mesma língua. Por que isso ocorre? Será que é porque se baseiam em crenças diferentes, partem de pressupostos diferentes, pertencem a contextos diferentes?

Mal-entendidos podem ter consequências desastrosas para o relacionamento entre amigos, entre um casal, entre dirigentes e funcionários. O discurso da sedução é um dos bons exemplos em que a chance de haver dificuldade de comunicação é grande porque se trata de situação, bastante comum, em que queremos fazer com que alguém aceite, ou mesmo deseje, algo que pelo menos inicialmente não quer.* A situação de sedução já é, por si só, cheia de armadilhas, por isso a qualquer momento podemos pisar em falso se nos expressarmos de forma inadequada, pondo tudo a perder.

Uma das armadilhas mais difíceis de evitar na comunicação decorre da relativa autonomia que a linguagem parece ter, visto que o significado se constitui culturalmente e com frequência escapa do nosso controle. É o caso de certos termos e expressões que estão a tal ponto contaminados por preconceitos que podem soar depreciativos mesmo quando não é essa a intenção de quem os emprega. Com palavras como "judeu", "judiar", "judiação", "preto", "negro", "caipira", "gordinho", "ceguinho", entre outras, isso costuma acontecer. O uso "politicamente correto" da linguagem parece ser uma tentativa de mudar práticas sociais, mas isso não se dá sem algum grau de artificialidade, o que continua indicando a presença de um problema. O emprego de vocábulos como "afrodescendente" no lugar de "negro" ou "preto" em determinados contextos acaba revelando

---

* Para uma análise da sedução, ver J. Baudrillard, *Da sedução*.

justamente certo preconceito, assim como a adoção de "escuro" e "de cor" (estes já em desuso).

Vemos, assim, que o discurso não depende apenas de quem o profere e de seus objetivos, por mais nobres que sejam. Quem fala se apropria da linguagem, mas esta foge de seu controle, de seus conhecimentos, de suas intenções. Produz significado, realiza atos que resultam de fatores muito além do que o falante profere nas circunstâncias em que o faz. É preciso levar isso em conta para evitar ou contornar as armadilhas da linguagem, ainda que muitas delas pareçam inevitáveis.

Há, também, armadilhas teóricas. As teorias que visam tratar a linguagem de forma totalmente desvinculada do contexto, que a idealizam, que constroem explicações com base em formalismos e examinam exemplos artificiais de construções logicamente perfeitas, mas que jamais empregamos, ilustram esse tipo de armadilha. É quando o filósofo mais se afasta da experiência concreta do dia a dia, correndo o risco de se tornar irrelevante.

Meu método visa simplesmente propor algo que seja importante no sentido do esclarecimento de nossa experiência, trazendo as palavras do uso metafísico dos teóricos para o uso cotidiano de nossas práticas, conforme Ludwig Wittgenstein defende em *Investigações filosóficas* (§116).

Desde o início de minhas pesquisas sobre linguagem, lá se vão muitos anos, no mestrado da PUC-Rio e no doutorado da Universidade de Saint Andrews, na Escócia, me interessei pelo estudo da linguagem em uso, inclusive quando ela parece seguir em direções diferentes da pretendida. Numa de minhas primeiras publicações, cujo título é "Dialogue breakdowns", já se encontram questões sobre as falhas no discurso, que retomo e espero desenvolver aqui. Meus muitos anos de ensino de filosofia da linguagem em cursos de graduação e de pós-graduação contribuíram para esses desenvolvimentos. Meus alunos, em especial, muito me ensinaram sobre o tema por meio de múltiplos atos de fala: suas questões e objeções, seus pedidos de esclarecimentos e trabalhos de curso, um dos quais vai citado no Capítulo 5.

Minhas falhas de comunicação em meu cotidiano, a atenção que me despertaram e as consequências que tiveram também me levaram a me perguntar como e por que isso ocorre. Custou-me, e custa-me ainda, entender que meu desejo de me comunicar nem sempre corresponde ao desejo do outro, a quem me dirijo, de aceitar o que pretendi comunicar.

Este livro é o resultado dessas experiências.

1. A LINGUAGEM, ESSA DESCONHECIDA: FILOSOFIA, LINGUAGEM, CULTURA

> "Quando um homem fala com outro é para que possa ser compreendido."
>
> JOHN LOCKE, *Ensaio sobre o entendimento humano*

A FILÓSOFA E PSICANALISTA FRANCESA, nascida na Bulgária, Julia Kristeva deu a seu livro de filosofia da linguagem lançado em 1981 o significativo título de *Le langage: cet inconnu* (A linguagem, essa desconhecida). Todos nós sabemos usar a linguagem e a aprendemos espontaneamente. Mesmo os que têm pouca escolaridade sabem utilizá-la. Falam, comunicam-se, são capazes de empregá-la em seu dia a dia de modo razoavelmente eficaz. E, contudo, se perguntarmos a qualquer pessoa (inclusive aos filósofos e aos linguistas) o que é linguagem, veremos que não há uma resposta simples, muito menos única.

Essa capacidade, pode-se dizer, natural de usar a linguagem é o ponto de partida da tese de alguns filósofos e linguistas, segundo a qual a linguagem é inata ao ser humano. Ou seja, seus elementos essenciais, que posteriormente são desenvolvidos, estariam presentes na natureza humana. Trata-se do que o psicólogo e teórico da linguagem canadense Steven Pinker, hoje professor em Harvard, nos Estados Unidos, chamou de "o instinto da linguagem" no seu livro homônimo, *The Language Instinct*. Conforme diz Ludwig Wittgenstein em *Investigações filosóficas* (§89), talvez a linguagem seja tão difícil de entender por ser tão familiar para nós. Não à toa tem sido um dos temas centrais da filosofia desde o seu início, na Grécia Antiga.

Tradicionalmente, há *dois grandes conjuntos de problemas* em torno dos quais se desenvolve a maior parte da discussão filosófica e teórica sobre a linguagem. O *primeiro* diz respeito à relação entre a *linguagem* e a *mente*, ou o *pensamento*. Seria a linguagem sempre a expressão de um pensamento previamente constituído que se manifesta, se explicita, linguisticamente? Ou seria a linguagem uma forma de compreender o pensamento, de se ter acesso a ele? Steven Pinker deu a seu livro *The Stuff of Thought* (A substância do pensamento) o subtítulo de *Language as a Window into Human Nature* (A linguagem como uma janela para a natureza humana) porque, segundo ele, retomando Descartes no *Discurso do método* (parte V), só os seres humanos têm linguagem. Nesse tipo de concepção, examina-se sobretudo o *sujeito linguístico*, aquele cujo pensamento se expressa pela linguagem.

O *segundo* conjunto de problemas consiste em considerar a linguagem usada na *comunicação*. A linguagem é sempre utilizada para fazermos algo e, em um sentido amplo, nos comunicarmos com outros indivíduos que também a compreendem e utilizam. O foco desse tipo de investigação não reside tanto no sujeito linguístico, naquele que pensa e usa a linguagem para expressar seus pensamentos, mas na prática da linguagem como comunicação para *interação* entre os seus usuários. A linguagem é, assim, segundo o filósofo alemão Jürgen Habermas, *intersubjetiva*, por ser empregada como forma de interação humana – tema que o autor desenvolveu em um livro importante intitulado *Teoria do agir comunicativo*. Esse é o caminho que vamos explorar aqui.

A seguir esclareceremos alguns conceitos-chave que adotamos em filosofia da linguagem, começando pelo de *linguagem*. Linguagem não é o mesmo que *língua* (as chamadas línguas ou linguagens naturais: português, inglês, francês, árabe, latim, grego, hebraico etc.). Em um sentido também bastante amplo, a linguagem é um *sistema de signos*, sendo que o *signo* é tudo aquilo que tem significado e, ainda em um sentido amplo, aquilo que indica ou remete a outra coisa. Por exemplo, a palavra "rosa" remete a uma determinada flor como se fosse um dedo indicador apontando para o objeto "rosa".

Figura 1: O gesto de apontar pode ser tomado como paradigma do signo. No caso do dedo indicador, nosso olhar não se fixa no signo, mas naquilo a que ele remete. Tal qual o dedo indicador, o signo tem sempre a função de indicar.

Diversos filósofos e teóricos da linguagem deram respostas diversas e às vezes divergentes a essas questões. Encontramos nas várias teorias diferentes definições desses conceitos de signo, de significado etc. As principais serão examinadas a seguir.

A linguagem escrita sumeriana é considerada a mais antiga que conhecemos. Data de cerca de 1700 a.C. e foi adotada na Suméria, uma das primeiras civilizações a se desenvolver na Mesopotâmia. Pictogramas e hieróglifos como os do Antigo Egito são anteriores, datando de cerca de 3 mil a.C. Porém, novas descobertas arqueológicas têm permitido datar o início da escrita pictográfica em períodos ainda anteriores a esse.

Os paleontólogos e antropólogos acreditam que uma das características centrais da evolução da espécie humana foi a capacidade de usar a linguagem para se comunicar, o que teria ocorrido com o *Homo sapiens* por meio da modulação dos sons proferidos, que se tornaram, assim, um instrumento de comunicação. Isso teria acontecido há cerca de um milhão de anos graças a mudanças fisiológicas, como o rebaixamento da laringe. O uso da linguagem com proferimento de sons teria surgido ao mesmo tempo em que o *Homo sapiens* passava a produzir símbolos, usando objetos, marcas, instrumentos para se comunicar e realizando uma série de atividades que hoje podem ser entendidas como sendo o início da cultura.

É por esse motivo que o antropólogo americano Clifford Geertz diz, em *A interpretação das culturas*, que a "cultura inventou o homem", e não o homem a cultura, já que é só após esse momento e essa modificação evolutiva fundamental que se pode falar, de fato, em "espécie humana". O uso de instrumentos e a atribuição de valor simbólico a determinados sons e a outros tipos de signos não foram algo que tais seres concretizaram e a partir daí criaram a cultura. Ao contrário, à medida que aqueles foram sendo concretizados é que foi possível aos seres humanos se transformar.

O surgimento da escrita se deu nas sociedades que primeiro se estabilizaram economicamente, sobretudo a partir da produção agrícola de alimentos, caso do Antigo Egito, da Mesopotâmia e de regiões da Índia e da China. Essa estabilidade deu origem às primeiras cidades e aos primeiros reinos com administração centralizada. As primeiras escritas foram um reflexo da necessidade de se registrar os movimentos da produção e do comércio (colheitas, armazenagem, trocas etc.), os impostos, os decretos reais e o culto aos deuses.

São duas as necessidades básicas ligadas à função da linguagem que podem explicar o surgimento da escrita. A necessidade de memorizar, isto é, de fixar algo a fim de garantir a permanência das informações; e a necessidade de comunicar, a fim de que o registrado seja entendido, transmitido, divulgado. O Código de Hamurabi, gravado em pedra por volta de 1700 a.C. e originário da Babilônia, hoje no Museu do Louvre, em Paris, ilustra o uso da escrita para fins legais e administrativos. É o mais antigo conjunto de leis a chegar até nós. No Antigo Egito, os escribas tinham grande importância, já que eram os responsáveis pela escrita numa sociedade em que poucos a dominavam.

A função dos símbolos precede a sua sistematização na escrita, porém é muito difícil reconstruir o significado desses símbolos. Alguns especialistas não concordam que símbolos feitos pelo homem pré-histórico – como marcas, pictogramas ou desenhos, entre eles os descobertos nas

Figura 2: Calendário maia: seria esta uma forma de escrita?

cavernas de Altamira, na Espanha, e de Lascaux, na França (ambos de cerca de 20 mil a 10 mil anos a.C.) – devam ser considerados linguagem, porque faltaria a eles uma sistematização. Nesse sentido, apenas a existência de regras de combinação dos símbolos, empregadas de maneira regular e sistemática, caracterizaria a linguagem. E isso só ocorreu muito posteriormente.

É por isso que certos estudiosos, entre os quais o linguista americano Noam Chomsky, não acham que os animais possuem linguagem, ainda que se comuniquem por meio de sons e gestos. O argumento é que eles não usam regras que formem um sistema. Portanto, segundo essa concepção, não basta haver interação ou comunicação para que haja linguagem, é necessário também que isso se dê dentro de um sistema estruturado de signos com regras reconhecíveis e transmissíveis.

Entre os povos das Américas também verificamos formas de escrita pictográfica praticada antes dos Descobrimentos, sobretudo entre os aste-

Figura 3: O *quipu*, "escrita" inca até hoje não decifrada, apesar de numerosos estudos em torno do assunto. Há vários bancos de dados criados por grupos de pesquisa sobre esse tipo de escrita, dentre eles: khipukamayuq.fas.harvard.edu/

cas e os maias. Os calendários maias seriam um bom exemplo de escrita, já que seus pictogramas permitiam o registro da passagem do tempo e a realização de cálculos.

Um caso bastante particular é um tipo de escrita criado pelos incas, no Peru, à época da conquista espanhola, no século XVI. Trata-se do *quipu*, um conjunto de nós dados em cordões de fibra que permitia registros de todo tipo – comerciais, legais e até religiosos – e que era utilizado com frequência pelos "escribas", encarregados de produzir e decifrar esses *quipus*. Tendo sido proibida pelos espanhóis, essa escrita se perdeu logo depois da conquista e, embora restem alguns exemplares em museus de Lima, ninguém jamais conseguiu decifrá-la.

A questão levantada parece ser: é possível escrever "sem palavras"? A escrita alfabética pode ser considerada privilegiada em relação às demais formas de representação? Pode representar melhor a complexidade por ser mais abstrata? Em nossa cultura há uma série de outros sistemas simbólicos, também chamados de *semióticos*, que se prestam à constituição e transmissão de significado. É o caso da sinalização de trânsito e do código de bandeiras empregado na navegação marítima. A pintura de guerra dos índios e as flâmulas e brasões dos cavaleiros medievais também são linguagem, uma vez que indicam, respectivamente, que os índios estão preparados para a guerra e que cada cavaleiro tem uma determinada origem. Assim, funcionam como sistemas semióticos.

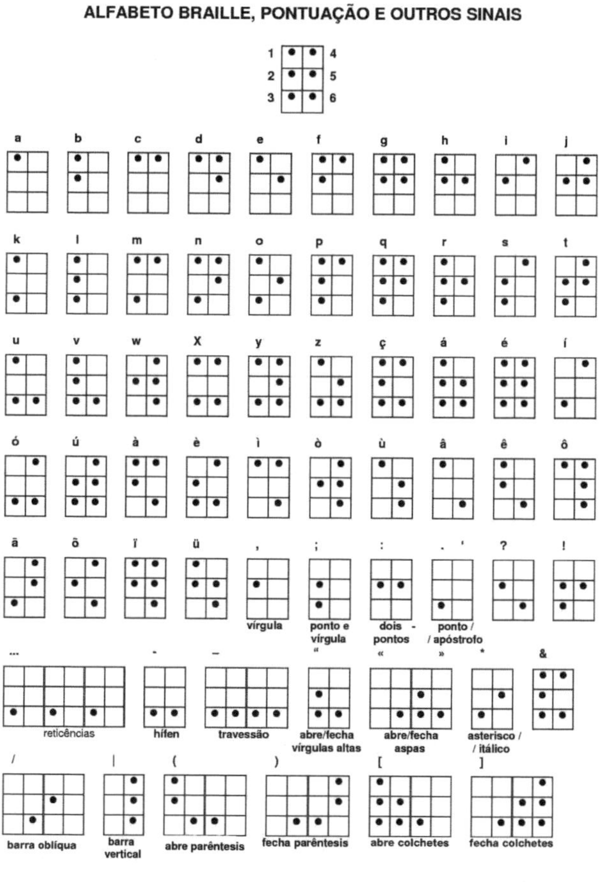

ALFABETO BRAILLE, PONTUAÇÃO E OUTROS SINAIS

Figura 4: O alfabeto braille é uma escrita alfabética em que letras são representadas por pontos em alto-relevo de modo a possibilitar sua leitura pelo toque.

Outro exemplo é a escrita braille para os cegos, inventada em 1784 pelo francês Valentin Haüy, de quem Louis Braille foi discípulo. Esse sistema é, no fundo, uma escrita alfabética representada por pontos em alto-relevo passíveis de serem lidos pelo toque.

Alguns autores, já na Antiguidade, caso dos filósofos estoicos e de santo Agostinho (sob a influência daqueles), distinguiam *sinais naturais*, tais como a fumaça que indica a existência de fogo, de *sinais convencionais*, como uma escrita alfabética, ou ainda a águia que representava Roma e a coruja que simbolizava Atenas. Expressões faciais também possuem significado, expressam sentimentos e emoções que são parte do processo de comunicação.

Um bom exemplo de linguagem simbólica são os mapas, que lançam mão de uma série de convenções para representar a realidade de um ponto de vista geográfico. Assim, podemos fazer corresponder os pontos que estão no mapa (estradas, cidades, rios, montanhas, lagos etc.) à realidade para que nos sirvam de orientação, respondendo à nossa necessidade de saber onde estamos. A linguagem da cartografia é um dos melhores exemplos de tentativa de representação realística da realidade em um sistema simbólico, ainda que ao longo do tempo as convenções cartográficas mudem.

Vemos então que até mesmo sinais aparentemente naturais, como expressões faciais e gestos, ou mapas que pretendem representar realisticamente a realidade, dependem, para serem compreendidos, de um processo de interpretação que é essencialmente *cultural*. O conceito-chave que reside aí é o de *interpretação*. O significado só pode ser construído e transmitido, comunicado, de acordo com determinadas convenções sociais, e, por consequência, como parte de uma cultura. E são os membros dessa cultura que são capazes de interpretá-los, compreendê-los, utilizá-los. Podemos "nos comunicar", ou seja, constituir significado sem palavras, ou sem escrita, ou sem linguagem alfabética. Porém, não podemos fazê-lo fora de uma cultura. É por isso que escritas como os *quipus* permanecem até hoje indecifradas.

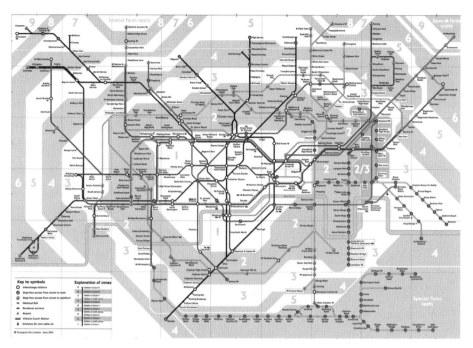

Figura 5: O mapa do metrô de Londres é um dos bons exemplos de linguagem não verbal. É de grande utilidade para seus usuários e é fácil de ser lido, mas não é uma representação realística, por exemplo, quanto às distâncias entre as estações.

Não seria então possível uma linguagem universal, uma linguagem do ser humano inata, presente em nossa natureza, anterior às diferenças culturais e que serviria de base a todas as línguas concretas? A linguagem antes de Babel? Essa é uma das grandes questões, ainda hoje polêmicas, enfrentadas pelos especialistas em linguagem.

2. Como e por que a linguagem se tornou importante para a filosofia contemporânea

> "Atualmente, o problema da linguagem tomou o lugar do tradicional problema da consciência; a crítica transcendental da linguagem supera a da consciência."
>
> JÜRGEN HABERMAS, *Lógica das ciências sociais*

IAN HACKING, influente filósofo inglês, escreveu um livro cujo título aponta para uma questão bastante sugestiva: *Por que a linguagem interessa à filosofia?* (no original, *Why Does Language Matter to Philosophy?*). Proponho tomar como ponto de partida para nossa reflexão essa pergunta de Hacking: por que a linguagem importa para a filosofia? A resposta mais imediata nos será dada, é claro, pela filosofia da linguagem, corrente central do pensamento contemporâneo. Mas, decerto, não encontraremos uma resposta única. Examinarei aqui apenas algumas dessas respostas possíveis, as que se mostraram mais relevantes na atualidade como alternativas para tratar a questão. E convido-os, ao longo deste capítulo, a encontrar cada um a própria resposta.

Iniciemos com um argumento histórico. Se hoje consideramos ponto pacífico que a linguagem é importante para a filosofia, devemos também reconhecer que nem sempre foi assim. Alguma coisa mudou radicalmente na passagem do século XIX para o seguinte, levando a linguagem para o centro da discussão filosófica, num processo denominado *linguistic turn* – a "virada linguística" da filosofia contemporânea –, título de uma obra famosa do americano Richard Rorty. Mais importante ainda: isso aconteceu não apenas na corrente filosófica que é objeto da análise de

Rorty – a filosofia analítica da linguagem –, na qual me concentro neste livro, mas em várias outras correntes do pensamento.*

Darei alguns exemplos, entre os mais significativos, de pensadores do fim do século XIX e início do XX. A começar pela *filosofia analítica da linguagem* na Alemanha, com Gottlob Frege, e, na Inglaterra, com Bertrand Russell, George Edward Moore e Ludwig Wittgenstein, que, apesar de nascido na Áustria, morou grande parte da vida na Inglaterra e foi professor em Cambridge. Nos Estados Unidos temos a *semiótica*, com Charles Sanders Peirce e Charles W. Morris. Na Alemanha e na Áustria, o *positivismo lógico*, ou Círculo de Viena, com o qual Wittgenstein inicialmente entrou em contato, influenciando nos anos 1920 esse pensamento, que teve como principais representantes Moritz Schlick, Rudolf Carnap** e Otto Neurath.

Embora haja certa afinidade entre tais correntes, uma vez que, por exemplo, Rudolf Carnap emigrou para os Estados Unidos na década de 1930 e trabalhou com Charles W. Morris em Chicago, são de fundamental importância também outras teorias sobre a linguagem. É o caso da *hermenêutica*, inaugurada no fim do século XVIII, na Alemanha, por Friedrich Schleiermacher, e desenvolvida no século seguinte por Wilhelm Dilthey, chegando até nós com Hans-Georg Gadamer, autor do marcante *Verdade e método*, publicado em 1960. É também o caso da *fenomenologia*, iniciada igualmente na Alemanha com Edmund Husserl, que, em 1901, escreveu *Investigações lógicas*, considerada ainda pertencente à fase pré-fenomenológica. Na primeira fase de seu pensamento, Husserl manteve um debate com Gottlob Frege, tendo mais tarde inspirado o também alemão Martin Heidegger e os franceses Maurice Merleau-Ponty e Jacques Derrida, cujas obras *A voz e o fenômeno* e *Gramatologia* têm raízes na fenomenologia.

O *estruturalismo*, embora oriundo de uma vertente linguística desenvolvida primeiro na Suíça por Ferdinand de Saussure (o seu clássico *Curso*

---

* Ver D. Marcondes, *Textos básicos de linguagem: de Platão a Foucault*, para comentários aos textos de alguns autores citados ao longo deste capítulo.
** A importância de R. Carnap será analisada no Capítulo 3.

de linguística geral só foi publicado postumamente, em 1916), exerceu forte influência sobre o pensamento francês em vários campos, como a antropologia de Claude Lévi-Strauss (*Antropologia estrutural*, 1958) e, depois, a semiologia de Roland Barthes. O *neokantismo* de Ernest Cassirer, na Alemanha, com sua *Filosofia das formas simbólicas* (1923), dá também uma centralidade à linguagem interpretada em sentido amplo, como uma diversidade de sistemas simbólicos.*

Poderíamos citar ainda os desenvolvimentos em áreas afins, como a antropologia do polonês Bronislaw Malinowski, com o estudo sobre o significado nas línguas primitivas, e a famosa hipótese Sapir-Whorf, acerca da interdependência entre língua e cultura, formulada pelos americanos Edward Sapir e Benjamin Lee Whorf; o estruturalismo linguístico do russo Roman Jakobson; a linguística de Noam Chomsky; assim como, no campo da lógica matemática, também herdeira de Gottlob Frege, o formalismo lógico do alemão David Hilbert e a semântica formal do polonês Alfred Tarski. Cabe destacar ainda a psicanálise, com a concepção da linguagem simbólica do inconsciente inaugurada pelo psicanalista austríaco Sigmund Freud, inicialmente em *A interpretação dos sonhos* (1901), e desenvolvida pelo francês Jacques Lacan, que sofreu também a influência do estruturalismo.

É notável, portanto, que a linguagem, relativamente pouco discutida pelos filósofos no período moderno (séculos XVI e XVII) e mesmo no Iluminismo (século XVIII), tenha passado ao primeiro plano no século XX, com o surgimento de várias correntes de filosofia da linguagem que se entrelaçaram de diferentes maneiras a partir do desenvolvimento das ciências da linguagem. Exploremos melhor algumas das razões disso indicando por que a linguagem, ainda que em uma diversidade de acepções, parece ser o principal caminho, ou um dos principais, para a disseminação das teorias

---

* Ver, por exemplo, uma apresentação geral sobre a questão da linguagem, embora na perspectiva analítica, em A.J. Ayer, *Philosophy in the Twentieth Century*.

do século XX. Por sua vez, essas diferentes correntes constituem algumas das possíveis respostas à nossa questão inicial sobre por que a linguagem é importante para a filosofia.

Para aprofundar o tema, é necessária agora uma nova pergunta. Quando indagamos por que a linguagem é importante para a filosofia, devemos considerar, em primeiro lugar, o que entendemos por "linguagem". E, mais uma vez, não temos uma resposta única. A primeira grande distinção que se pode fazer é entre *linguagem*, enquanto estrutura abstrata, e *língua*, enquanto fenômeno empírico (o português, o inglês, o francês etc.). É possível ainda fazer distinções adicionais sobre como a "linguagem" pode ser entendida. Com frequência, filósofos e outros teóricos da linguagem usam o termo "linguagem" em quatro acepções, sem distingui-las claramente:

- Signo: aquilo que remete a algo além de si mesmo, que serve para indicar um objeto na realidade em um sentido extralinguístico.
- Palavra: um signo linguístico pertencente a uma determinada língua.
- Proposição ou sentença: combinação entre signos ou palavras dotada de uma estrutura sintática.
- Discurso: conjunto articulado de proposições, tratando de um ou mais temas.

Tais acepções da linguagem podem ser vistas como diferentes concepções do que seria a *unidade básica de significação*. Chegamos então ao que pode ser a noção central de toda esta discussão: o *significado*. O signo e a palavra nos interessam porque *significam*. O significado consiste na relação entre o signo e aquilo que ele significa, isto é, aquilo a que remete, aquilo a que se refere. O significado, enquanto relação entre a linguagem e a realidade, é o ponto de partida da discussão sobre a linguagem na filosofia. Por isso a *semântica*, ou teoria do significado, é considerada o núcleo da filosofia da linguagem contemporânea.

Voltando ao ponto inicial, ao argumento histórico indicado anteriormente: nem sempre se reconheceu a importância da linguagem para a filosofia devido aos problemas envolvidos na discussão sobre o significado. Como já dito, há várias formas de tratar a questão da linguagem na tradição filosófica. Veremos agora algumas, começando por discutir os conceitos centrais das principais teorias sobre a linguagem. Isso nos permitirá um esclarecimento prévio sobre esses conceitos, que serão aprofundados em seguida, no Capítulo 3, quando examinarmos autores e correntes que tratam dessas questões, em especial, a pragmática.

Após algumas definições básicas dos conceitos centrais da filosofia da linguagem, levantaremos questões que serão retomadas por meio do exame da contribuição dos principais pensadores que abordaram o tema. Vamos ver que não se encontra nem na tradição nem no pensamento contemporâneo uma resposta única e simples para a pergunta que formulamos e que é o tema de nosso interesse: "O que é a linguagem?" Essa indagação permanecerá conosco ao longo de toda esta discussão e talvez, ao final, tenhamos não uma, mas várias respostas, quando poderemos então refletir melhor sobre essas alternativas.

Lembremos que a linguagem deve ser entendida em sentido amplo, isto é, não apenas como verbal, mas como todo e qualquer sistema de signos ou processo de simbolização, incluindo aí gestos, bandeiras, semáforos etc., que constituem as chamadas "linguagens não verbais". O contraste entre linguagens verbais e não verbais já parece indicar o privilégio que usualmente se atribui à linguagem verbal. Afinal, definimos as outras por oposição a esta. De fato, a maioria dos especialistas acredita que, embora no cotidiano usemos todo tipo de linguagem – em grande parte a gestual, a de imagens, pictogramas etc. –, a verbal é a que permite a expressão mais complexa de significado. É famoso o ditado que afirma que "uma imagem vale mais do que mil palavras", todavia isso não é inteiramente verdade, porque não há uma imagem por meio da qual se possa dizer isso. Por que não? Provavelmente porque a linguagem verbal é mais abstrata e, por consequência, capaz de maior generalidade, além de permitir a autorreferência, o que não acontece com a linguagem pictórica.

Já falamos em "expressão de significado". *Significado* é a noção central da filosofia da linguagem, talvez por isso seja difícil defini-la. Não há uma, mas várias noções de significado, dependendo das várias teorias que se preocupam em definir essa noção. Podemos aceitar que cada uma delas tenta dar conta de um aspecto do significado, ou tenta resolver problemas que as outras levantam. Alguns exemplos:

- Significado é o que dá *sentido* a uma palavra ou expressão linguística, o que nos permite compreendê-la, o que faz com que "tenha sentido". Isso, no entanto, apenas nos remete ao problema de explicar o que é "sentido".
- O significado é aquilo a que a palavra se refere. Esse é o ponto de partida das chamadas teorias do *significado como referência*, nas quais a palavra remete a uma coisa na realidade. A palavra "cavalo" remete ao animal cavalo, e sua referência, seu significado, é o próprio animal a que remete. O significado é um processo de indicar algo na realidade, não só por palavras, mas por gestos, como o dedo apontado. Contudo, no que consiste exatamente esse processo? Talvez seja mais fácil explicar o significado quando ele indica algo como um cavalo, mas, quando falo de "amor", "liberdade" ou "$\sqrt{-9}$", o que será que indico? Além disso, temos o velho problema da variação linguística: diferentes línguas usam diferentes palavras para remeter à mesma coisa, caso de "cavalo", em português, e "*horse*" em inglês. Todas teriam exatamente o mesmo significado? Aparentemente sim, já que

Figura 6: A palavra "cavalo" remete à imagem de um cavalo? Esta imagem corresponde a algo em nossa mente? Esta imagem serve para representar todos os cavalos?

remetem ao mesmo objeto. E quando se trata de homônimos ou de palavras ambíguas, como "banco" e "manga"?
- Devido à dificuldade de explicar uma relação direta entre a palavra e a coisa, temos as teorias que relacionam a *palavra* ao *pensamento*, a uma ideia em nossa mente, a qual, por sua vez, remeteria à coisa. Mas essa visão introduz um novo problema: como a palavra se relaciona com a ideia em nosso pensamento, em nossa mente? Vimos no Capítulo 1 que essa questão corresponde a uma das correntes mais fortes de tratamento da linguagem, que a relaciona ao pensamento, caso da corrente de Steven Pinker.

Esses são apenas alguns dos problemas que a noção de significado traz. Nos capítulos seguintes, veremos como as principais correntes filosóficas, sobretudo na linha da pragmática, lidaram com essas questões, o que não quer dizer que as tenham resolvido nem que haja consenso em torno do assunto. Em um livro famoso de 1923, caracteristicamente intitulado *O significado de significado*, os autores ingleses Charles K. Ogden e I.A. Richards discutem várias dessas teorias e suas implicações. Entretanto, o primeiro texto filosófico a tratar de modo sistemático a questão foi o diálogo *Crátilo*, de Platão, cujo subtítulo é justamente *Sobre a correção dos nomes*. A discussão desenvolvida nesse diálogo estabelece as linhas definidoras do tratamento posterior dado à natureza da linguagem e ao significado, influenciando fortemente a tradição. É a seguinte a pergunta fundamental de Platão no *Crátilo*: "A linguagem, no caso as palavras, pode contribuir para o conhecimento da realidade?" Do modo como a pergunta é formulada, a discussão filosófica sobre a linguagem, sobre o significado das palavras, estará irremediavelmente atrelada ao problema do conhecimento como definidor da preocupação filosófica, do assim chamado projeto epistemológico que aproxima filosofia e ciência e entende a primeira como um tipo de ciência mais geral e fundamental.

Platão examina nesse diálogo duas respostas à sua questão, levando em conta as posições tradicionais dos filósofos que o antecederam, entre os quais os sofistas. As duas respostas reportam ao *naturalismo* e ao *convencionalismo*. O naturalismo defende que há uma *relação natural* entre o signo e a coisa significada. O signo possuiria uma natureza comum com a coisa que significa, contribuindo para o conhecimento desta. Mas o naturalismo se revelaria insustentável por uma série de argumentos examinados ao longo do diálogo, como a *variação linguística*, ou seja, o fato de as palavras serem diferentes em línguas diferentes, mesmo se referindo às mesmas coisas. Além disso, as tentativas de representar por meio dos sons as características das coisas significadas esbarrariam em um grande número de contraexemplos. A relação palavra/coisa não se sustentaria enquanto imitação (*mímesis*) sonora das características da coisa. Já o convencionalismo, como alternativa ao naturalismo, consistiria em uma tese mais fraca ainda sobre a relação entre palavras e coisas, relação que seria considerada meramente convencional, não havendo, por conseguinte, nada em comum entre ambas. Platão conclui, assim, que não há contribuição cognitiva por parte do signo para o conhecimento da realidade a que se refere. Com isso, a linguagem, para ele, é pouco relevante do ponto de vista filosófico.

Crátilo pode ser considerado um diálogo aporético por terminar em um impasse (*aporia*), uma vez que as duas alternativas que examina revelam-se insatisfatórias. Contudo, foi forte o seu peso em toda a filosofia e, mais ainda, nos estudos da linguagem em geral. A tradição herdou em grande parte a posição platônica acerca da linguagem formulada nesse diálogo. Em outras palavras, herdou o dilema entre uma concepção naturalista, que seria relevante para o conhecimento, mas que não se sustenta, e o convencionalismo, que, embora mais plausível e mais próximo da experiência concreta da linguagem, não traz contribuição ao conhecimento. O dilema resulta da pergunta inicial sobre a contribuição da linguagem para o conhecimento, que, todavia, jamais foi questionada.

Não houve, nesse contexto, uma *filosofia da linguagem*, porque a investigação da linguagem, aqui entendida como o conjunto de signos (palavras) pertencentes a uma língua determinada, não foi considerada filosoficamente relevante. O conhecimento não poderia depender da linguagem, de signos linguísticos tidos como meramente convencionais. A análise do conhecimento deveria se realizar através da relação entre a mente, o pensamento e a realidade. A relação entre as palavras, encaradas como signos linguísticos, e a realidade dependeria da mediação da mente. Essa é basicamente a tese que Aristóteles expõe no *Tratado da interpretação* e que foi desenvolvida mais tarde, por exemplo, por santo Agostinho no diálogo *De magistro* (Sobre o mestre), chegando à modernidade.

Aprofundemos essas distinções examinando um célebre texto de Aristóteles que, de certo modo, está na origem da discussão de santo Agostinho e, seguramente, é um dos escritos mais influentes da tradição, sendo também um dos primeiros a sistematizar essa questão e estabelecer algumas noções básicas a respeito.

Diz Aristóteles no *Tratado da interpretação*:

> As palavras faladas são símbolos (*symbola*) das afecções da alma e as palavras escritas, símbolos das palavras faladas. Assim como a escrita não é a mesma para todos os homens, as palavras faladas não são as mesmas, mas as afecções da alma, das quais as palavras faladas são diretamente signos (*semeia*), são as mesmas para todos, assim como as coisas de que as afecções são semelhanças (*homoimata*). (I, 16a 3-8)*

O *Tratado da interpretação*, que é parte da série de tratados que compõem a lógica de Aristóteles, intitulada *Órganon*, foi um dos textos mais comentados durante a Idade Média, e um dos poucos do filósofo a ser conhecido no mundo europeu ocidental antes da difusão de sua obra por traduções e comentários promovidos pelos árabes no período medieval (séculos XII e XIII). Na passagem transcrita, o primeiro parágrafo do

---

* Para mais sobre o tema, ver J.L. Ackrill, *Aristotle's Categories and De Interpretatione*.

Figura 7: A relação que Aristóteles aponta entre palavra, objeto no mundo a que esta se refere e "afecção da alma" correspondente pode ser representada pelo que ficou conhecido como "triângulo semiótico".

Tratado, Aristóteles introduziu distinções que marcaram profundamente a filosofia. Assim, a palavra falada seria símbolo da afecção da alma, expressando convencionalmente o que está na interioridade. E a palavra escrita seria símbolo da palavra falada, expressando, também convencionalmente, por escrito, o que proferimos oralmente. As palavras escritas e as proferidas variam conforme a cultura, "não são as mesmas para todos", devido à sua convencionalidade. Entretanto, as afecções da alma são iguais para todos porque a mente humana é uma só, não depende de variações culturais.

Para Aristóteles, aquilo que percebemos é resultado da maneira como nossa mente é afetada pelo real, pelas coisas, que "são as mesmas para todos". Na concepção do realismo aristotélico, existe uma realidade única e predeterminada que constituiria o mundo da experiência humana. Assim, existiria uma natureza humana universal que moldaria o modo pelo qual percebemos essa realidade. As "afecções da alma", uma primeira versão do *conceito* ou *ideia*, resultariam, pois, da relação entre a mente e a realidade e, nesse sentido, não seriam convencionais, expressando uma semelhança e tendo algo em comum com a realidade.

De acordo com o filósofo, se quisermos superar a convencionalidade das palavras e, em consequência, sua variação, o que impede que tenham qualquer contribuição cognitiva, devemos buscar as afecções da alma correspondentes aos signos linguísticos que dão a esses signos seu conteúdo cognitivo. A solução aristotélica para o problema da convencionalidade do signo, que se resume em considerá-lo sempre em relação a uma afecção da alma, isto é, a uma entidade mental que lhe dê conteúdo cognitivo, será a solução adotada por toda a tradição filosófica desde esse momento até praticamente o século XX, sendo encontrada ainda, de certo modo, em Saussure. O assim chamado mentalismo, ou conceitualismo, será um dos principais alvos de ataque das concepções pragmáticas de linguagem no pensamento contemporâneo.*

É com base nessa concepção aristotélica representada pelo "triângulo semiótico" (ver Figura 7) que se introduziu entre o signo linguístico e a realidade o conceito (em Aristóteles, literalmente, as "afecções da alma"), como entidade mental que, possuindo conteúdo cognitivo, possibilita o acesso à realidade e é o responsável pelo conhecimento. O signo linguístico, para que seja dotado de significado, deve estar sempre associado a um conceito. Sendo o signo convencional, sua relação com a realidade dependeria dessa associação com o conceito que não é convencional, mas resultaria da apreensão da realidade por nossa mente.

A entidade mental seria, assim, um sinal natural produzido pelo modo como a realidade natural afeta nossa mente. O conhecimento seria da ordem do conceito e não da linguagem. Conceitos seriam representações mentais, de natureza subjetiva, interior, de uma realidade externa, objetiva. O conhecimento que se constitui pelo pensamento antecederia a linguagem

---

* Veja-se, por exemplo, R. Rorty, *A filosofia e o espelho da natureza*, livro em que o autor traça a história dessa discussão, do início do período moderno ao advento da filosofia contemporânea em várias de suas ramificações.

e seria autônomo em relação a ela. A linguagem expressaria, desse modo, um pensamento que se forma de maneira prévia e autônoma em relação à sua expressão linguística.

Como se vê na passagem transcrita, Aristóteles supõe uma natureza humana universal (as entidades mentais são as mesmas para todos). A representação linguística, o significado dos signos, dependeria da representação mental, quer dizer, dos signos com que os conceitos estão relacionados, embora os signos (palavras), eles próprios, possam variar culturalmente, como já assinalara Platão. Isso explicaria a importância da teoria do conceito em toda a filosofia medieval e no pensamento moderno. O conceito, diz Descartes (*Meditações*, II), é "como uma imagem mental", é o objeto interno, a representação, no sentido literal de "aquilo que fica no lugar de"; ou seja, torna presente na mente aquilo que se encontra no mundo externo, conforme diz a filósofa belga Amélie Rorty em *Essays on Descartes' Meditations* (Ensaios sobre as "Meditações" de Descartes).

Essa é a posição dominante no início do pensamento moderno, tanto na tradição racionalista quanto na empirista, ambas divergindo mais sobre a origem e a formação dos conceitos do que sobre sua função no processo cognitivo. O inglês John Locke é, talvez, o pensador desse período que melhor ilustra essa concepção. Em seu *Ensaio sobre o entendimento humano*, publicado originalmente em 1690, dedica o Livro III, *As palavras*, precisamente à questão da linguagem e de sua relação com o conhecimento. Pela tese semântica central de Locke, as palavras representam (o termo que ele utiliza é *stand for*, ou seja, "ficar no lugar de") na linguagem as ideias no intelecto, assim como as ideias no intelecto representam as coisas na realidade. É nisso que consiste sua tese da "dupla conformidade" (*double conformity*). Segundo Locke,

> os homens são levados a pressupor que as ideias abstratas que têm na mente são de tal tipo que correspondem às coisas que existem independentes delas e às quais se referem, e são também as mesmas em relação aos nomes que

atribuímos a elas, por meio do uso e pela adequação da linguagem a que pertencem. Pois, sem essa "dupla conformidade" de suas ideias, eles consideram que não poderiam pensar adequadamente sobre as coisas elas próprias nem se comunicar inteligivelmente com os outros. (*Ensaio sobre o entendimento humano*, Livro II, *Sobre as ideias*, 32, 8)

É por meio dessa dupla conformidade que podemos não só pensar adequadamente sobre as coisas, mas, sobretudo, nos comunicar. A comunicação pressupõe a relação entre palavras e ideias, e é por meio da expressão verbal de nossas ideias que podemos ser compreendidos por nosso interlocutor. A teoria semântica de Locke nada mais é do que uma elaboração da concepção aristotélica da relação entre palavras, entidades mentais e realidade, formulada no início do *Tratado da interpretação*. Pode ser considerada também mais uma tentativa de resposta ao problema platônico sobre a convencionalidade da linguagem no *Crátilo*. Como pode o signo, embora convencional, significar? Pode porque a relação entre a palavra (signo linguístico) e a coisa é intermediada pela representação mental.

Se retornarmos à nossa definição inicial de significado como relação entre o signo linguístico e a coisa significada, veremos que os pensadores modernos, em linhas gerais, retomam e desenvolvem a tese já exposta em Aristóteles de que essa relação semântica deve ser sempre intermediada pela mente. Tal posição é conhecida como semântica *mentalista* ou *ideacional*, conforme encontramos na filosofia da linguagem do americano William Alston.

A defesa na filosofia contemporânea de uma concepção *performativa*, ou, em um sentido mais amplo, *pragmática* de linguagem, pressupõe uma nova definição dos processos de significação e, por conseguinte, da natureza dos signos. Proponho-me, aqui, a retomar algumas das definições tradicionais de linguagem para contrastá-las com a concepção performativa. Para tanto, tomarei primeiro passagens clássicas de filósofos que discutiram a questão da linguagem e, particularmente, a natureza do signo, para examinar os principais aspectos dessas definições. Em seguida, mostrarei como tais aspectos podem ser problematizados do ponto de vista da pragmática, ou seja, do ponto de vista de uma concepção da linguagem como ação e não apenas como descrição do real. Desenvolverei a análise partindo de um comentário aos textos selecionados.

Apesar de encontrarmos nos diversos autores diferentes formas de caracterizar os signos e várias distinções possíveis entre os tipos de signo, podemos dar uma definição mais geral de *signo* como sendo tudo aquilo que remete a outra coisa. Como já dito, o exemplo mais simples é o ato de apontar o dedo indicador, que remete nosso olhar para algo além do próprio dedo. A função indicativa do signo se caracteriza exatamente por isso, por *remeter a outra coisa*. De fato, quando vejo o dedo indicando ou a seta apontando [→], não fixo meu olhar no dedo nem na seta, dirijo-me àquilo que indicam.

A partir dessa definição geral dos signos, temos a distinção inicial entre *sinais naturais*, como a fumaça que é sinal de fogo, as pintas vermelhas na pele que são sinais de sarampo; e *sinais convencionais*, por exemplo, palavras tanto faladas quanto escritas. Os sinais naturais são ditos assim porque não dependem de nenhuma intervenção humana direta, caso da fumaça que resulta do fogo. É claro que deve haver sempre alguém que interpreta essa relação entre a fumaça e o fogo, segundo a qual a fumaça indica a presença do fogo mesmo a distância, quando não o vejo. É comum, por isso, utilizar-se a palavra "sinal" em um sentido mais abrangente, para indicar sinais naturais, deixando-se a palavra "signo" para os sinais convencionais, embora essa terminologia possa variar de autor para autor.*

Examinemos agora um trecho em que santo Agostinho aborda o que dissemos:

---

* A palavra latina *signum* é geralmente traduzida por "signo" e por "sinal". Encontra-se no latim tardio a palavra *signalis*, que é, contudo, derivada de *signum*.

Entre os signos [*de signis*], alguns são naturais e outros convencionais. Os naturais são os que, sem intenção nem desejo de significação, dão a conhecer, por si próprios, alguma outra coisa além do que são em si. Assim, a fumaça é signo do fogo. ... Sinais convencionais [*data signa*] são os que todos os seres vivos mutuamente se trocam para manifestar – na medida do possível – os movimentos de sua alma, tais sejam as sensações e os pensamentos. Não há outra razão para significar, isto é, para emitir um signo, a não ser expor e comunicar ao espírito dos outros o que se tinha em si próprio ao emitir o signo. (*A doutrina cristã*, II, 1-2)

Tomamos essa passagem como ilustrativa porque nela o filósofo faz a distinção entre signos naturais e convencionais, formulando a definição mais básica de signo como sendo aquilo que nos dá a conhecer outra coisa, além de si mesmo. Fora isso, ele acrescenta um aspecto importante dos signos convencionais, o seu uso na comunicação, como forma de exteriorização de algo que, segundo o texto, é interior, está em nosso espírito. De fato, essa concepção foi extremamente influente em toda a tradição antiga, medieval e moderna, só vindo a ser questionada no período contemporâneo.

Ainda que enfatize a relevância da comunicação na definição do signo e não apenas o aspecto referencial, ou seja, a relação entre o signo e a coisa significada, a posição de santo Agostinho supõe a dicotomia entre, por um lado, um mundo interior, o do espírito, e, por outro, a necessidade de se externar o que se encontra no espírito, mesmo que isso se faça sempre de modo precário, "na medida do possível", como ele diz. Daí se origina a visão de que, quando se externa o pensamento, algo inevitavelmente se perde.

Podemos exemplificar a presença dessa concepção no pensamento linguístico recente com o seguinte parágrafo do *Curso de linguística geral* de Ferdinand Saussure:

A língua é um sistema de signos que exprimem ideias, e é comparável, por isso, à escrita, ao alfabeto dos surdos-mudos, aos ritos simbólicos, às formas de polidez, aos sinais militares etc., etc. Ela é apenas o principal desses sistemas. Pode-se, então, conceber *uma ciência que estude a vida dos signos no seio da vida social*; ela constituiria uma parte da psicologia social e, por conseguinte, da psicologia geral. Chamá-la-emos de *semiologia* (do grego *semeion*, "signo"). Ela nos ensinará em que consistem os signos, que leis os regem. (p.24)

Saussure dá ao signo duas dimensões. Uma primeira, mental, já que o signo expressa ideias, e outra social, já que o signo pertence sempre a um sistema e é sempre usado em uma sociedade. O linguista suíço caracteriza a linguagem inicialmente pela expressão de ideias, em uma concepção em larga escala próxima da de Aristóteles e de santo Agostinho, em que algo – a afecção da alma, o conceito, a ideia de natureza interna – se externaliza. A linguagem seria o mais importante dos vários sistemas de signos, devido à sua complexidade e à sua maior capacidade de significar. Contudo, como o autor deixa claro nessa transcrição, os signos devem ser estudados em sua vida na sociedade, através de sua dimensão comunicativa. Temos, assim, a dupla função: a exteriorização de algo interior e o uso social, a interação.

Os signos resultam, portanto, de uma função social e da interpretação daqueles que os usam e os tornam signos. Em um mundo anterior a qualquer cultura, não haveria signos. A seguinte passagem do clássico *Através do espelho*, escrito pelo inglês Lewis Carroll em 1872, é reveladora dessa concepção: "Este deve ser o bosque em que as coisas não têm nomes", diz, pensativa, a personagem Alice. Em *Alice, edição comentada*, o estudioso Martin Gardner observa que "o bosque em que as coisas não têm nome" é o próprio universo, independentemente das criaturas manipuladoras de símbolos, ou seja, as que usam a linguagem e rotulam partes desse universo. A compreensão de que o mundo em si mesmo não contém signos e que, portanto, não há conexão alguma entre as coisas e seus nomes, exceto para os usuários da linguagem aos quais os nomes são rótulos úteis, é um ponto central para a filosofia da linguagem.

Figura 8: Ilustração de John Tenniel para *Através do espelho*, de Lewis Carroll. A floresta escura em que Alice penetra é o mundo anterior à cultura, em que "as coisas não têm nome".

Algo, seja o que for, só se torna signo a partir de seu lugar em uma cultura, enquanto elemento de um sistema, como mostra Saussure, devido à sua função de remeter a outra coisa, de representá-la. O bosque é uma metáfora de uma realidade sem signos, de um mundo anterior à presença humana, à presença das culturas, quando então os nomes passam a ser atribuídos às coisas. Um texto como esse se posiciona, portanto, contra a concepção de sinais naturais, já que vê o processo de significação como dependente da existência daqueles que atribuem os nomes, que "rotulam as coisas". Nesse caso, os seres humanos, os usuários dos signos, enquanto membros de uma sociedade, enquanto parte de uma cultura na qual os nomes são "rótulos úteis" por exercerem determinadas funções, como nomear e, dessa maneira, comunicar. Os signos supõem sempre os seus usuários, são constituídos por eles.

O trecho a seguir, do estudo *Patterns in Comparative Religion* (Padrões em religiões comparadas), do romeno Mircea Eliade, especialista em religião e pensamento mítico, explicita o aspecto "performativo" do signo, enquanto relacionado a um ato, assim como sua função de ruptura com um modo habitual de ver as coisas, estabelecendo uma nova relação:

> O símbolo sempre desempenha um papel importante em todas as sociedades. Sua função permanece inalterada: consiste em transformar uma coisa ou um ato em algo diferente do que essa coisa ou ato parece ser aos olhos da experiência profana.*

O estudo de Mircea Eliade diz respeito à natureza do sagrado. E o tipo de signo que ele tem em mente é, em particular, o religioso, que possui a função mediadora entre a experiência humana habitual e algo que a transcende, mas que, ao mesmo tempo, não pode transcendê-la inteiramente, porque, nesse caso, não significaria, não teria sentido. Essa característica seria comum aos símbolos religiosos em todas as religiões, conforme o autor procura mostrar em seus estudos comparativos. É por isso que se pode dizer que o signo indica algo além de si mesmo, agora não apenas no sentido indicativo visto anteriormente, e sim no sentido de uma outra dimensão da experiência humana à qual temos acesso apenas de modo indireto, por meio de signos desse tipo.

Minha hipótese central consiste em que é somente quando se problematiza a noção de representação, ao final do período moderno, que se abre caminho para a valorização da linguagem. São as dificuldades que surgem quanto à noção de conceito como representação mental que levam os filósofos do final do período a buscar uma rota alternativa. É o que explica, em grande parte, o desenvolvimento das correntes a que nos referimos no início deste capítulo, a maioria das quais vê na linguagem uma saída para os impasses do mentalismo.

---

* Citado em G. Jean, *Signs, Symbols, and Ciphers*.

A principal questão que primeiro abre caminho para a filosofia da linguagem é precisamente a crítica ao mentalismo, devido à concepção de subjetividade que pressupõe. De acordo com essa linha de pensamento, conforme vimos anteriormente, as ideias são entidades mentais, pertencem à subjetividade humana, entendida como interioridade, como lugar de uma experiência, por natureza, privada. É esse subjetivismo que leva ao problema do *solipsismo*, isto é, ao isolamento da mente, enquanto mundo interior, em relação a tudo o que lhe é externo.

O problema do *solipsismo* leva a indagações como: uma vez que o acesso a outra mente é impossível, que garantia posso ter de que as ideias que outros indivíduos têm correspondem às minhas? Mais: que garantias posso ter de que minhas ideias são efetivamente um correlato fiel das coisas na realidade, já que não posso ter acesso independente a ambas para verificar sua adequação? Como explicar, a partir da subjetividade, a generalidade, ou mesmo a universalidade do conceito, dada a variedade da experiência humana? Problematiza-se, assim, não só a relação entre a mente e o mundo, mas a relação da mente com outras mentes, ou seja, a comunicação. O caminho da representação mental, devido ao solipsismo, parece ser menos vantajoso do que o da linguagem, apesar do convencionalismo, como via de acesso ao real.

Não basta, contudo, para o desenvolvimento de uma filosofia da linguagem, que se questione o mentalismo e o solipsismo dele decorrente. É necessário desenvolver uma concepção de linguagem que supere os impasses causados pela ideia de convencionalidade do signo desde *Crátilo* de Platão. Podemos destacar neste momento o pensador alemão Immanuel Kant como tendo trazido uma contribuição essencial para essa questão, em especial a partir de sua discussão sobre a natureza do conceito (no original alemão, *Begriff*).

A modernidade herdou da filosofia antiga a caracterização do conceito como definição, encontrada, por exemplo, em Aristóteles. Kant introduziu uma nova caracterização do conceito como regra para a determinação do objeto, articulando-o com a sensibilidade. Encontramos na "Analítica dos conceitos" da *Crítica da razão pura* justamente a tese da prioridade do juízo – dotado de uma estrutura lógica – sobre o conceito. Para Kant, o conceito é sempre o "predicado de um juízo possível".

É nesse sentido que podemos dizer que, segundo Kant, o juízo tem uma natureza lógico-linguística, o que abre caminho para uma concepção de linguagem exatamente como estrutura lógico-linguística, e não construída primordialmente de signos linguísticos tomados de *per se* em sua relação com as coisas na realidade. Os conceitos não são mais considerados elementos constitutivos de juízos; antes, é a estrutura proposicional dos juízos que permite a articulação entre os conceitos.

Bertrand Russell, um dos principais pensadores do início da filosofia da linguagem, expressa bem essa posição quando mostra que, embora no juízo, ou proposição, "A é diferente de B", os conceitos de A, B e diferença estejam presentes, a simples listagem desses conceitos – "A", "B" e "diferença" – não constitui um juízo. O filósofo argentino Alberto J. Coffa, em *The Semantic Tradition from Kant to Carnap* (A tradição semântica de Kant a Carnap), define Kant como o principal antecessor da filosofia da linguagem desenvolvida no século XX.

Os primeiros filósofos da linguagem na tradição analítica, como Frege, Russell e Wittgenstein (este, particularmente, no *Tractatus logico-philosophicus*), defenderam uma concepção de linguagem como estrutura lógica, ou sintática, tomando a proposição como unidade básica de significação. A relação semântica, ou seja, o significado, passa a ser entendido agora com base na relação entre a proposição, dotada de uma estrutura lógica, e o fato correspondente na realidade, dotado de uma estrutura ontológica. Supõe-se, assim, uma relação de *isomorfismo* entre linguagem e realidade, compreendidas, respectivamente, como proposição e fato no real. Haveria, portanto, algo comum entre a linguagem e a realidade, tal como os gregos haviam buscado. Trata-se, porém, de algo puramente formal para evitar o dilema naturalismo x convencionalismo. Nessa concepção, a semântica, isto é, a relação de significação, pressupõe a sintaxe, a estrutura lógica. Temos, com isso, uma concepção de linguagem naquele sentido inicial, geral e abstrato que mencionamos anteriormente e que contrastamos com língua, enquanto fenômeno empírico.

Contudo, conforme Richard Rorty ressalta em *A filosofia e o espelho da natureza*, a ruptura da filosofia da linguagem nessa acepção com a tradição moderna não é ainda radical. Nesse primeiro momento, a filosofia da linguagem rompe com o subjetivismo, o mentalismo, o idealismo e critica a concepção moderna de mente e de interioridade que conduziu ao solipsismo. Todavia, mantém a preocupação central com o conhecimento, presente desde Platão, como vimos. E busca fundamentar o conhecimento, a relação cognitiva com o real e, em última instância, a ciência, não mais na mente, na subjetividade, nos processos cognitivos interiores, mas na linguagem, percebida em um sentido lógico-formal, como estrutura. Evitaria com isso o recurso ao conceito enquanto entidade mental.

É principalmente essa vertente da filosofia da linguagem que se desenvolve nas primeiras décadas do século XX. Trata-se de uma tentativa de descrever as formas lógicas essenciais da linguagem, quer dizer, as relações lógicas básicas pressupostas em toda a linguagem, tendo em vista estabelecer as condições segundo as quais essas formas lógicas se relacionam com o real.

Correntes filosóficas, como o positivismo lógico do Círculo de Viena, tomaram essa concepção de linguagem como base de uma proposta de fundamentação do conhecimento científico, partindo da importância da lógica para a ciência. Para essas correntes, uma teoria científica deve ser dotada de uma estrutura lógica articulada ao conhecimento científico específico de sua área. Este o projeto, por exemplo, da obra de Rudolf Carnap *Logische Syntax der Sprache* (Sintaxe lógica da linguagem), escrita em 1928 e de grande influência nesse período. Essas concepções dos primórdios da filosofia analítica da linguagem, ainda muito fortemente marcadas pelo projeto de fundamentação da ciência pela lógica, apresentam, porém, algumas dificuldades. Richard Rorty, por exemplo, aponta, ainda em *A filosofia e o espelho da natureza*, a permanência de uma determinada concepção de representação, caracterizada pela relação de reflexo ou de espelho presente no pressuposto do isomorfismo entre a linguagem e o mundo. Aquilo que antes se esperava da mente, no início do pensamento moderno, agora se atribui à linguagem. Mas como garantir tal isomorfismo? Como mapear a linguagem de modo a estabelecer as formas lógicas essenciais? Trata-se, é claro, de linguagens formais; entretanto, como determinar o significado dos signos e dar conta da diversidade desse significado?

Em um segundo momento, a partir das décadas de 1940 e 50, desenvolveu-se a chamada "filosofia da linguagem ordinária", com autores como o Wittgenstein das *Investigações filosóficas* (publicado em 1952), em Cambridge, e os britânicos John Langshaw Austin e Gilbert Ryle, em Oxford. Esses filósofos adotaram um ponto de partida inteiramente diferente, o que equivaleu a uma mudança radical na concepção da linguagem. Em primeiro lugar, houve o abandono da preocupação central com a fundamentação da ciência, o que significou o abandono do privilégio da relação cognitiva. A ciência é vista agora apenas como uma das várias formas possíveis de relação com o real, mas não necessariamente como a mais fundamental ou paradigmática. A linguagem, por sua vez, é concebida como uma prática social concreta que deve ser examinada sempre a partir de seu contexto de uso. A importância da linguagem é atribuída à sua função constitutiva da experiência humana, em um sentido mais amplo e não apenas cognitivo. Isso se dá em Wittgenstein com a noção de *jogo de linguagem*, que valoriza o caráter interativo e intersubjetivo da linguagem, vista então como uma prática concreta em que falante e ouvinte interagem em um contexto dado e com objetivos determinados. De acordo com essa visão, o significado não é mais uma propriedade das palavras, mas algo que se constitui no uso da linguagem durante esses jogos. A semântica dá, assim, lugar à pragmática, isto é, à consideração da linguagem como uso, como *práxis*, nas palavras de Wittgenstein em *Investigações filosóficas* (§7).

Em *Quando dizer é fazer* (How to Do Things with Words), John Langshaw Austin, por sua vez, apresenta a noção de *ato de fala* (*speech act*), que, igualmente, valoriza o uso concreto da linguagem e enfatiza seu caráter prático. É assim que, para Austin, dizer "eu prometo" não é expressar uma intenção de prometer nem descrever uma atitude mental minha, mas realizar a promessa. A linguagem tem, pois, segundo essa concepção, um caráter performativo, pois é por meio dela que realizamos uma série de atos, como prometer, ordenar, pedir, eleger, nomear – todos verbos performativos.

Essas concepções pragmáticas, como as de Wittgenstein e de Austin, levaram à questão do *indeterminismo semântico*, já que o significado não é uma propriedade das palavras – aquilo que se buscou explicar na Antiguidade pelo conceito –, e sim uma função do uso da linguagem. O significado consiste agora em um conjunto de possibilidades de uso, de regras para a determinação de usos possíveis e não mais de objetos no real.

O indeterminismo semântico e as concepções pragmáticas geraram algumas consequências importantes para a discussão do significado. Como pode a linguagem significar mais do que é dito explicitamente por meio dos signos linguísticos? A nova concepção nos permitiu a dissolução da distinção tradicional entre literal e não literal e o abandono da visão do metafórico como derivado. Agora, torna-se necessária uma análise dos elementos contextuais, dos pressupostos, dos efeitos e das consequências desse uso para a determinação, ou melhor, para a reconstrução do significado. O método de análise envolve a necessidade de explicitação dos elementos implícitos no uso, que, embora implícitos ou indiretos, são constitutivos do significado.

Um dos principais desafios contemporâneos na filosofia da linguagem reside justamente no desenvolvimento de métodos de análise que possibilitem trazer à tona esses elementos implícitos, que permitam passar do que podemos chamar de um significado de superfície ou aparente para um significado profundo, recuperando-se uma rede de relações semânticas que se constitui nesse uso e nas múltiplas funções que os signos linguísticos exercem, por vezes ao mesmo tempo. É claro que não se supõe mais que haja uma análise única, ou um resultado único dessa análise, e sim diferentes possibilidades, sempre dando conta do fenômeno linguístico de modo parcial.

Teorias recentes como a *ética do discurso*, dos pensadores alemães Karl-Otto Apel e Jürgen Habermas, tomam como base o compromisso ético que se constitui no discurso, no compromisso que o falante assume ao se dirigir a seus interlocutores, no caráter quase contratual que a linguagem pressupõe, conforme Austin já havia indicado, quando, por exemplo, se faz uma promessa.* De certo modo, todos os nossos usos linguísticos têm algo de promessa, de compromisso, em que assumimos determinadas responsabilidades com a inteligibilidade e a veracidade do que dizemos e em nome das quais podemos ser cobrados ou interpelados. Quando prometemos algo não apenas prometemos cumprir o que dizemos, mas fazemos com que nosso interlocutor tenha certas expectativas, em nome das quais pode exigir o cumprimento da promessa. É assim que a linguagem e as relações sociais mediadas por ela podem ser interpeladas criticamente.

Percorremos um longo caminho desde as primeiras teorias que examinamos, nas quais o significado é caracterizado pela relação do signo com o real por meio do conceito, até as concepções pragmáticas atuais, em que o significado se constitui por uma rede de relações de uso que envolvem convenções sociais, intenções do falante e expectativas dos ouvintes.

A linguagem permanece sempre como aquilo com que temos mais familiaridade e, ao mesmo tempo, de um ponto de vista teórico, o que nos parece mais difícil de compreender, como sugere o título provocador da obra de Julia Kristeva *Le langage: cet inconnu*, mencionado no início do

---

* Ver, sobre a ética do discurso, D. Marcondes, *A pragmática na filosofia contemporânea*.

Capítulo 1. É também o que diz Wittgenstein em *Investigações filosóficas*: "Não queremos aprender nada de novo, mas apenas ver de uma nova maneira aquilo que sempre esteve diante de nós e por isso mesmo parece ser o mais difícil de compreendermos." (§89) Essa é a tarefa da filosofia.

3. Revendo a distinção tradicional: sintaxe, semântica, pragmática

> "A semântica deve prestar contas à pragmática."
>
> ROBERT BRANDON, *Making it Explicit*

A DISTINÇÃO TRADICIONAL entre sintaxe, semântica e pragmática na filosofia da linguagem é nosso ponto de partida para a defesa de uma concepção pragmática de linguagem e o exame da necessidade de se formular um método de análise filosófica da linguagem que corresponda a essa concepção. Começaremos por considerar as definições tradicionais de sintaxe, semântica e pragmática, as diferentes possibilidades de se conceber a relação entre essas três áreas, ou três dimensões do estudo da linguagem, e o problema da fronteira entre elas.

Contemporaneamente, a divisão do estudo da linguagem sob uma perspectiva filosófica em *sintaxe*,* *semântica* e *pragmática* tem sua origem no artigo "Foundations of the theory of signs", escrito em 1938 por Charles W. Morris, da Universidade de Chicago. O texto serviu de Introdução à *International Encyclopedia of Unified Science* (Enciclopédia universal de ciência unificada), da qual o filósofo foi um dos organizadores, junto com Otto Neurath e Rudolf Carnap, do Círculo de Viena. Esse projeto, visando formular os fundamentos epistemológicos e metodológicos de uma ciência unificada, fora iniciado anos antes, ainda na Europa, por Neurath. Morris havia passado um período em Viena, quando entrou em contato com esses pensadores e foi por eles influenciado. Rudolf Carnap foi para os Estados

---

* *Syntatics*, na terminologia de C.W. Morris, depois substituída por *syntax*.

Unidos após a ascensão do nazismo, vindo a lecionar na Universidade de Chicago entre 1936 e 1952, quando trabalhou com Morris. Posteriormente, Carnap retomou e desenvolveu em várias de suas obras a distinção entre sintaxe, semântica e pragmática como áreas de estudo da linguagem. Eis a definição encontrada no citado artigo de Morris:

> A sintaxe é o estudo das relações formais dos signos uns com os outros; a semântica é o estudo das relações dos signos com os objetos a que se aplicam (*designata*); e a pragmática, o estudo da relação dos signos com seus intérpretes.

Essa distinção e a definição de cada uma dessas áreas tiveram grande influência nos estudos sobre a linguagem no pensamento contemporâneo, não só na filosofia, mas também na linguística, sendo raramente questionadas. Tradicionalmente, a sintaxe e a semântica receberam mais atenção. A sintaxe estuda as relações entre os signos como unidades básicas no processo de formação de complexos como sentenças, abstração feita do significado desses signos. Caracteriza-se como uma ciência formal que define as regras de formação das sentenças a partir das combinações possíveis entre os signos. Embora a sintaxe geral trate de uma linguagem formal, podemos ilustrar essa concepção por meio das regras gramaticais correspondentes à sintaxe em uma língua específica, caso da sintaxe do português. Por exemplo, a sentença "Maria jardim no brinca" é uma combinação sintaticamente incorreta, uma vez que, de acordo com as regras da língua portuguesa, os signos linguísticos utilizados não estão relacionados de forma certa. O correto seria "Maria brinca no jardim".

A semântica estuda o significado dos signos linguísticos, seu modo de relação com os objetos que designam e o valor de verdade das sentenças em que esses signos se articulam referindo-se a fatos da realidade. Assim, por exemplo, "Júlio César foi assassinado em 44 a.C." é uma sentença dotada de significado, já que os signos que a compõem têm significado, estão corretamente articulados, referem-se a objetos no real e a sentença descreve adequadamente um fato histórico. A semântica diz respeito, portanto, ao conteúdo significativo dos signos. Na filosofia da linguagem o problema do significado sempre foi definido como sendo a questão fundamental, em grande parte devido à centralidade da relação entre a linguagem e a realidade, vale dizer, entre os signos e aquilo a que remetem – talvez uma herança remota da questão platônica do *Crátilo*, tal como visto no Capítulo 2.

Pode-se dizer que, no caso das sentenças de uma determinada língua, a sintaxe é um pressuposto da semântica, já que se os signos não estiverem corretamente articulados a sentença não terá significado nem valor de verdade, tampouco poderá descrever de maneira adequada fatos ocorridos, não sendo, portanto, nem verdadeira nem falsa, mas sem sentido. Seria o caso de "44 assassinado Júlio foi César a.C.", onde os mesmos signos da sentença anterior se encontram impropriamente articulados.

O modo de relação entre os signos também pode alterar o significado da sentença "João é pai de Pedro", que é diferente de "Pedro é pai de João", embora os signos em ambas sejam os mesmos. Em "Ideias verdes dormem furiosamente", famoso exemplo de Chomsky, temos um caso de falha semântica, de sentença sem significado, ainda que os signos, individualmente, tenham significado e a combinação esteja sintaticamente correta. Contudo, a combinação não produz uma sentença dotada de significado porque os termos não estão combinados de forma correta do ponto de vista de seus significados. Só uma sentença sintaticamente correta pode ser dotada de significado, apesar de a correção sintática, por si só, não garantir que a sentença tenha significado.

Já a pragmática diz respeito à linguagem em uso em diferentes contextos, tal como praticada por seus usuários para a comunicação. Pertence, portanto, ao domínio da variação e da heterogeneidade, devido à diversidade do uso e à multiplicidade de contextos. Por esse motivo Carnap considerou a pragmática um domínio da linguagem de difícil análise, uma vez que qualquer tentativa desse tipo teria de envolver uma abstração dessa diversidade e dessa multiplicidade, a fim de se poder encontrar elementos comuns que permitam um tratamento mais teórico e sistemático.

Na verdade, a pragmática consiste na nossa experiência concreta da linguagem, nos fenômenos linguísticos com que efetivamente lidamos. Contudo, o estudo da linguagem parece pressupor a passagem desse nível concreto da experiência da linguagem para a semântica e a sintaxe, que envolvem níveis cada vez maiores de generalização e abstração. Assim, a semântica faz abstração de variações específicas de uso e considera o significado dos termos independentemente dos usos. A sintaxe faz abstração do significado e enxerga apenas as classes ou categorias de signos para examinar as regras formais segundo as quais eles se relacionam.

Em *Foundations of Logic and Mathematics* (Fundamentos da lógica e da matemática), de Carnap, encontramos a seguinte definição, que pode ser contrastada com a de Morris, transcrita acima:

> Se em uma investigação uma referência explícita é feita ao falante, ou em uma formulação mais geral, ao usuário da linguagem, então atribuímos essa investigação ao campo da pragmática .... Se abstraímos o usuário da linguagem e analisamos apenas as expressões e aquilo que designam, estamos no campo da semântica. E, finalmente, se abstraímos também aquilo que é designado e analisamos apenas as relações entre as expressões, temos a sintaxe lógica.*

É relevante que, nessa passagem, o filósofo inicie sua definição dos três campos pela pragmática, explicando tanto a semântica quanto a sintaxe como abstrações a partir dela.**

De acordo com o que vimos, há basicamente três modos de se entender a relação entre sintaxe, semântica e pragmática. A primeira posição

---

* Citado em S. Levinson, *Pragmatics*, p.7.
** O termo "pragmática" é, com frequência, usado de modo ambíguo, ora como um campo de estudo da linguagem, ora como característica da linguagem, por exemplo, em: "A interjeição 'Ei!' tem uma natureza pragmática."

concebe sintaxe, semântica e pragmática como dimensões autônomas e complementares do estudo da linguagem, correspondendo a aspectos da própria natureza e do funcionamento da linguagem. Pode-se entender a sintaxe como tendo um nível maior de generalidade, por dizer respeito à estrutura da linguagem, sem a qual não poderia haver significado, já que os signos supõem uma determinada ordem ou relação para significarem. A semântica pressupõe a sintaxe, e a pragmática supõe a sintaxe e a semântica, já que apenas signos pertencentes a uma certa estrutura e dotados de significado podem ser usados por falantes na comunicação. Apesar disso, de acordo com esse ponto de vista, o estudo de cada um desses campos pode ser realizado de modo independente, pois mesmo a pragmática teria regras e princípios específicos, não sendo meramente dependente dos demais níveis. Cada um dos três níveis teria, pois, suas regras ou princípios próprios, irredutíveis aos outros, embora possam estar relacionados hierarquicamente, segundo os respectivos graus de generalidade.

Já de acordo com a segunda posição, a pragmática, por englobar o domínio do uso concreto da linguagem e envolver diversidade e pluralidade, não pode ser encarada como um campo autônomo de estudo da linguagem, supondo, necessariamente, uma redução ou abstração da semântica (para a determinação do significado dos signos utilizados) e ainda da semântica para a sintaxe (de modo a estabelecer as regras de combinação correta dos signos). A pragmática não seria, assim, um campo autônomo, necessitando sempre da redução para a semântica e a sintaxe, que corresponderiam às dimensões mais gerais e abstratas da linguagem que tornam possível a mais concreta e particular. Podemos atribuir a Carnap, como o trecho citado neste capítulo revela, a origem dessa concepção.

A terceira posição vê a pragmática como a realidade mesma da linguagem. O que existe é a linguagem em uso, a linguagem enquanto fenômeno, com toda a sua diversidade e pluralidade. Tanto a semântica quanto a sintaxe são vistas aqui como abstrações, construções teóricas em que os signos são retirados de seu uso concreto para serem examinados em graus sucessivos de abstração – mas eles não reportariam à realidade da linguagem, resultando apenas desse processo de abstração. Enfim, trata-se de construtos obtidos a partir de modelos teóricos. Tal concepção corresponde às vertentes na filosofia da linguagem contemporânea que denominaremos "pragmáticas", como a de Ludwig Wittgenstein e a de John Langshaw Austin.

Segundo Carnap, a linguagem, tal como utilizada concretamente, para comunicação, não poderia ser objeto de uma análise teórica.* Embora exista sempre concretamente, sendo usada em contextos particulares e para fins específicos, a linguagem só poderia ser analisada em um sentido filosófico ou científico através de sucessivos níveis de abstração, da pragmática para a semântica e da semântica para a sintaxe. Ou seja, do nível do uso concreto pelos falantes da língua para o nível da relação dos signos com o que significam e deste, por sua vez, para o da relação dos signos entre si, o que corresponderia ao que caracterizamos na seção anterior como a segunda posição. Portanto, nada de cientificamente relevante poderia ser concluído com base na análise do uso concreto da linguagem em casos particulares. Desde a *Metafísica* até *Segundos analíticos*, de Aristóteles, a ciência tem sido definida como conhecimento de universais, donde a busca da abstração e da generalidade.

É nisto que consiste o que denominamos aqui de *problema de Carnap*: é possível analisar a linguagem de um ponto de vista pragmático? Pode-se dizer que, para esse filósofo, a resposta seria negativa. No clássico *Logische Syntax der Sprache*, do qual já falamos, o pensador restringe sua análise a linguagens em que não há dependência contextual, ou melhor, "intertextual", conforme a terminologia utilizada por ele. Isso significa

---

* Posteriormente, R. Carnap admitiu a possibilidade de uma "pragmática pura", mas não chegou a desenvolver nenhuma proposta nessa direção. A esse respeito, ver S. Levinson, *Pragmatics*. A propósito da discussão sobre a pragmática em R. Carnap e de sua relação com a semântica e a sintaxe, ver ainda S. Levinson, "Defining pragmatics", no mesmo *Pragmatics*.

que elementos não linguísticos – como tempo, lugar e atitude dos falantes – não precisam ser considerados nesse tipo de análise. Examinaremos, em seguida, algumas tentativas dentro da filosofia da linguagem contemporânea de dar uma resposta positiva ao problema de Carnap, levando em conta os desenvolvimentos mais recentes dessas propostas.

Podemos considerar que há duas linhas de desenvolvimento da pragmática na filosofia da linguagem. A primeira a enxerga como uma extensão da semântica, o que significa dizer que a pragmática trataria especificamente do que o austríaco Yehoshua Bar-Hillel* chamou de *expressões indiciais*. Para ter significado essas expressões dependem do contexto, sem o qual não podem ter a sua referência determinada. Por exemplo: "Ele veio ontem aqui." A compreensão dessa sentença é impossível sem a determinação da referência das palavras "ele", "ontem", "aqui", o que só pode ser feito a partir do contexto específico em que a sentença foi utilizada. Pronomes pessoais, demonstrativos, advérbios de tempo e de lugar seriam tipicamente expressões indiciais. Nessa acepção, a contribuição dessas expressões para o significado das sentenças de que fazem parte dependeria sempre do contexto. Mais tarde, o papel do contexto na constituição do significado seria ampliado, estendendo-se a outras expressões da linguagem. A pragmática seria, assim, complementar à semântica, tratando do significado de termos específicos, definidos como "dependentes do contexto".

Outra possibilidade de compreensão da pragmática consiste em perceber o significado como determinado pelo uso, mesmo que originariamente os autores dessas concepções não tenham lançado mão do termo "pragmática" para designar suas filosofias. Tais concepções acrescentam à consideração do contexto a ideia de que a linguagem é uma forma de ação, e não de descrição do real. Vou me concentrar nessa segunda alternativa

---

* Ver Y. Bar-Hillel, "Indexical expressions", *Mind*. Bar-Hillel, nascido em Viena, foi professor nos Estados Unidos e, depois, em Israel.

por acreditar que ela apresenta efetivamente o desenvolvimento de uma filosofia pragmática da linguagem.

Encontramos dois tipos de desenvolvimento dessa segunda alternativa, que examinaremos nos Capítulos 4 e 5. O primeiro é representado pela concepção de significado adotada por Wittgenstein, que, embora achasse que é possível analisar a linguagem em uso, não propõe um tratamento sistemático desse uso nem pretende formular uma teoria, abraçando uma *concepção assistemática* de tratamento da linguagem. Para ele, não é possível sistematizar essa análise porque isso levaria à perda do que é mais característico da linguagem: sua diversidade, sua multiplicidade. Até certo ponto, Wittgenstein concorda com Carnap, quando admite que não é possível tratar o que é totalmente heterogêneo de modo teórico e sistemático. Porém, não vê a questão como um problema, e sim como algo que deve ser pensado quando se analisa a linguagem de um ponto de vista filosófico.

O segundo tipo de desenvolvimento da segunda posição é a teoria dos atos de fala inicialmente formulada por John Langshaw Austin, que considera possível um tratamento sistemático da linguagem de um ponto de vista pragmático desde que se adotem as categorias adequadas para tal, quer dizer, desde que se analise a linguagem como ação. A noção de *performativo*, introduzida pelo autor, assume como característica central da pragmática a concepção de linguagem como forma de ação ou de realização de atos, segundo a qual "dizer é fazer". Em outras palavras, a determinação do significado de um termo ou expressão só pode ser feita a partir do exame do ato que efetivamente está sendo realizado e das regras que tornam possível a realização desse ato.

Vemos assim que, para Austin, a sistematização é não só possível, como necessária para o tratamento dos elementos implícitos e indiretos na realização dos atos de fala, isto é, para a reconstrução da força com que o ato está sendo realizado.

4. Wittgenstein e os jogos de linguagem

> "A filosofia é uma luta contra o enfeitiçamento de nosso pensamento por meio da linguagem."
>
> Ludwig Wittgenstein, *Investigações filosóficas* (§109)

Ludwig Wittgenstein é um dos filósofos mais marcantes e originais da contemporaneidade. Engenheiro de formação, tornou-se professor de filosofia no Trinity College, em Cambridge, aclamado centro de desenvolvimento de ciência e filosofia do Reino Unido no início do século XX, e publicou um único livro em vida, o *Tractatus logico-philosophicus*.

Educado em Viena e Linz, estudou engenharia em Berlim, na Technische Hochschule, entre 1906 e 1908. Atraído pela aeronáutica, continuou os estudos de engenharia na Universidade de Manchester, na Inglaterra, ali permanecendo até 1911. Interessado por matemática e lógica, assim como por questões relativas aos fundamentos da matemática, entrou em contato com a obra de Bertrand Russell, cujos *Princípios da matemática* haviam sido publicados em 1903, e de Gottlob Frege, criador da moderna lógica matemática. Em 1912, matriculou-se no Trinity College. É famosa a anedota segundo a qual Wittgenstein teria procurado Russell para aconselhar-se, perguntando se ele o achava um idiota ou não – caso fosse um idiota, continuaria estudando engenharia, caso não fosse, enveredaria pela filosofia. Segundo consta, Russell o teria orientado a interromper os estudos de engenharia. Em Cambridge, além de trabalhar com o próprio Russell, conviveu com outros pensadores, como George Edward Moore. No final do ano seguinte, visitou a Noruega, onde viveu por algum tempo em uma cabana e deu início a seus escritos sobre lógica e filosofia da linguagem, até a eclosão da Primeira Guerra.

Recolher-se temporariamente, afastando-se do meio acadêmico, seria uma constante em toda a sua vida.

Iniciada a guerra, engajou-se no Exército austríaco. Alguns dos escritos e anotações desse período, que já anunciam o pensamento desenvolvido no *Tractatus*, foram publicados postumamente sob o título de *Cadernos 1914-1916*. Capturado pelo Exército italiano ao fim da guerra, concluiu o *Tractatus* em 1918 em um campo de prisioneiros em Como, no norte da Itália. O manuscrito foi enviado a Russell – que intercedeu por sua libertação, em 1919 – e só seria publicado em 1921, na Alemanha, e, no ano seguinte, na Inglaterra, em tradução de Charles K. Ogden.

De volta a Cambridge em 1929, e tendo George Edward Moore como orientador, apresentou o *Tractatus* como tese e recebeu o título de doutor em filosofia. Tornou-se *fellow* do Trinity College e, mais tarde, catedrático na universidade. Nesse período desenvolveu intensamente seus pensamentos, escrevendo e dando seminários, até concentrar-se em uma obra mais elaborada da qual conhecemos duas versões – *Observações filosóficas* e *Gramática filosófica* –, não se decidindo, no entanto, a publicá-las. Sua produção dessa época é representativa de uma fase de transição entre as ideias do *Tractatus* e as das *Investigações filosóficas*, publicadas somente em 1953, após sua morte. *O livro azul*, resultante de notas de cursos ministrados entre 1933 e 1934, e *O livro marrom*, reunindo pensamentos de 1934 e 1935, já continham material que seria aproveitado nas *Investigações*.

Em 1939 Wittgenstein sucedeu a Moore na cátedra de filosofia. Suas aulas e seminários, conduzidos de modo extremamente informal, atraíam numerosos alunos, e Wittgenstein tornou-se influente, marcando profundamente a filosofia na Inglaterra. Durante a Segunda Guerra trabalhou em um hospital em Londres e em um laboratório em Newcastle. Após a guerra, retornou a Cambridge, mas, em 1947, renunciou à cátedra e isolou-se, dedicando-se apenas a escrever. Doente, viveu algum tempo com amigos entre Oxford e Cambridge, onde faleceu, vítima de câncer, em 1951.

A dimensão do uso do signo, de sua função em um contexto de interação, de comunicação, de natureza social, foi examinada de modo particularmente original por Wittgenstein sobretudo em *Investigações filosóficas*, por meio da noção de "jogo de linguagem" (*Sprachspiel*). Eis alguns trechos em que aborda o tema:

> E também denominarei a totalidade, consistindo da linguagem e das ações com as quais está entrelaçada, de "jogo de linguagem". (§7)

> Quando os filósofos usam uma palavra – "saber", "ser", "objeto", "eu", "proposição", "nome" – e procuram apreender a *essência* da coisa, deve-se sempre perguntar: essa palavra é usada de fato desse modo na língua a que ela pertence? *Nós* reconduzimos as palavras de seu uso metafísico para seu uso cotidiano. (§116)

> Todo signo, considerado em si mesmo, parece morto. O que lhe dá vida? É em seu uso que o signo está vivo. É então que o signo recebe o sopro da vida? Ou é o uso a sua vida? (§432)

Ainda que o termo "pragmática" tenha sido empregado antes por Charles W. Morris, em sua discussão sobre a divisão do estudo da linguagem em sintaxe, semântica e pragmática, e ainda que Wittgenstein não o utilize, pode-se considerar a filosofia da linguagem wittgensteiniana como pragmática no sentido de que ela rompe com a concepção de signo enquanto representação de uma realidade externa por meio de sua vinculação com um elemento interno (conceito, ideia, signo mental). Dito de outro modo, Wittgenstein rejeita a concepção representacionista de signo encontrada nas passagens aqui transcritas de santo Agostinho, Aristóteles e Saussure. Segundo esses autores, o signo linguístico *representa, indica, remete a*, mas também *fica no lugar de* um objeto externo tanto ao sistema de representações quanto à ideia ou conceito que lhe dá conteúdo cognitivo.

Wittgenstein é um dos principais críticos contemporâneos do *solipsismo* moderno, isto é, das consequências problemáticas da concepção de que o significado do signo deve ser explicado por sua referência a um objeto no real. Referência que, por sua vez, depende de sua relação com uma entidade mental que lhe dá conteúdo cognitivo e que resulta da relação da mente com esse objeto externo, conforme descrito, por exemplo, na obra de Locke e discutido no Capítulo 3. Mas que garantias temos de que essa relação privada ou subjetiva entre a mente do indivíduo e o objeto no real constitui, de fato, um correlato fiel à natureza desse objeto externo? Mais: que garantia temos de que o modo como utilizamos palavras ou signos linguísticos para expressar essa relação entre a mente e o real corresponde, de fato, à relação que os outros indivíduos, falantes da mesma língua, ou usuários do mesmo sistema, estabelecem? Vimos que esse era um pressuposto de Aristóteles – "as afecções da alma são as mesmas para todos" –, mas é precisamente esse pressuposto que aqui é colocado em questão, já que não se tem nenhum critério ou medida para garantir sua existência. Esse é o sentido do famoso "argumento contra a linguagem privada" encontrado nas *Investigações filosóficas* (§§243-315).*

A alternativa a essa concepção representacionista de significado é intitulada "jogo de linguagem". Segundo o citado §7 das *Investigações filosóficas*, onde essa noção é introduzida, o jogo de linguagem é uma "totalidade" que abrange a linguagem, vale dizer, as palavras ou signos linguísticos e também as ações em que estão entrelaçadas. Wittgenstein rompe, assim, com a dicotomia entre linguagem e realidade, evitando com isso a dificuldade de ter de explicar como essa relação entre elas se dá. Para ele, o uso da linguagem e a realização do ato seriam inseparáveis,

---

* Ver E. Tugendhat, "Wittgenstein e a impossibilidade de uma linguagem privada", *Novos Estudos Cebrap*.

encontrando-se imbricados. Os signos linguísticos não descreveriam a realidade nem se refeririam a ela, sendo, antes, utilizados para fazer algo, por exemplo dar uma ordem ou enunciar um pedido em um contexto em que falante e ouvinte interagem em torno de alguns objetivos a serem alcançados. É apenas nesse uso que o signo, conforme Wittgenstein, adquire "vida"; tomado fora de seu contexto, ele não teria significado. Na concepção wittgensteiniana, o filósofo da linguagem deve levar as palavras de seu uso metafísico – abstrato, descontextualizado – para o seu uso cotidiano, ou seja, para o exame dos vários contextos em que são usadas com diferentes objetivos.

De fato, se retomarmos os primeiros exemplos citados no Capítulo 1 – o dedo que aponta e a seta que indica, casos tradicionais da chamada "definição ostensiva" –, percebemos que esses são muito mais modos de agir (apontar, indicar) e de fazer o interlocutor agir (dirigindo-o para um objeto, fazendo-o orientar-se para um determinado lugar) do que simples formas de identificar ou descrever objetos no real. A conclusão é que devemos ver o signo e a ação como indissociáveis.

Wittgenstein enfatiza o caráter múltiplo e variável dos jogos de linguagem, que podem se alterar e constituir tamanha diversidade que nenhum deles obtém, necessariamente, privilégio sobre os demais. Em *Investigações filosóficas* (§23), o autor é bastante elucidativo a esse respeito, ao indicar que há numerosas formas de uso dos termos na linguagem, mas essa multiplicidade não é algo fixo. Novos usos surgem, outros desaparecem ou são substituídos. A linguagem deve ser vista, assim, sempre como algo dinâmico, como parte de uma "forma de vida", ou seja, de um contexto mais amplo que consiste na cultura da comunidade que usa essa linguagem. Wittgenstein dá, em seguida, exemplos ilustrativos desses tipos de uso, tais como: dar ordens e agir de acordo com elas, descrever um objeto, produzir um desenho ou diagrama desse objeto, inventar histórias e contá-las, representar peças de teatro, cantar cantigas de roda, resolver problemas de cálculo, contar piadas, fazer uma prece, agradecer, maldizer.

Os exemplos que o pensador apresenta revelam que, para ele, não há uma hierarquia entre os jogos de linguagem; todos se equivalem. Não há jogos mais relevantes nem mais centrais do que outros, tudo depende do contexto, dos jogadores e de seus objetivos. A lista de exemplos é deliberadamente desordenada e, em muitos casos, eles envolvem linguagem verbal e não verbal (por exemplo, "desenhar um objeto" e "cantar cantigas de roda"). Posso ser um grande pesquisador e passar o meu dia na universidade resolvendo problemas de cálculo e à noite brincar de cantigas de roda com minha filha de três anos. O que seria mais importante para mim?

Diante disso, podemos concluir que o uso seria o domínio do inanalisável, como queria Rudolf Carnap? Cairíamos numa espécie de particularismo, em que teríamos de analisar os usos caso a caso, jogo a jogo? E o que poderíamos concluir ou mesmo generalizar com base em cada análise particular de um jogo específico? Wittgenstein recebeu essa crítica notadamente de seu amigo e antigo mentor Bertrand Russell, responsável por sua ida para Cambridge. Ainda em *Investigações filosóficas*, o pensador austríaco parece se referir a isso:

> Aqui encontramos a grande questão que está por trás de todas essas considerações. Pois poderiam objetar-me: "Você simplifica tudo! Você fala de todas as espécies de jogos de linguagem possíveis, mas em nenhum momento disse o que é o essencial do jogo de linguagem, e portanto da própria linguagem. O que é comum a todos esses processos e os torna linguagem ou partes da linguagem. Você se dispensa pois justamente da parte da investigação que outrora lhe proporcionara as maiores dores de cabeça, a saber, aquela concernente à forma geral da proposição e da linguagem." (§65)

Essa crítica segue exatamente a linha do que foi desenvolvido no Capítulo 3 acerca das considerações sobre a abordagem teórica ou abstrata e sobre a concepção de que a estrutura sintática é a característica definidora da linguagem. A resposta de Wittgenstein, no mesmo parágrafo, é significativa, pois ele admite que sim, e esclarece que não se trata mais de tentar encontrar algo comum a todos os fenômenos que denominamos pela palavra "linguagem": no máximo, o que podemos encontrar são certos usos que têm um parentesco.

Os jogos são, de fato, independentes uns dos outros, mas podem ter entre si uma semelhança de família, como traços comuns em parentes. Wittgenstein recusa a generalização e a abstração, a busca da essência da linguagem ou do jogo, e propõe que levemos em conta em nossa investigação esses traços comuns. Do ponto de vista metodológico, dá um conselho no §66 que pode soar estranho vindo de um filósofo: "Não pense, veja!" Trata-se, aqui, de valorizar a observação do uso, de olhar para os casos concretos, de valorizar a experiência da linguagem.

Assim, deve-se evitar levar para a análise os "preconceitos" filosóficos na tentativa de encontrar algo abstrato ou genérico que dê conta de todos os usos. Wittgenstein leva adiante a analogia com o jogo e se propõe a examinar o próprio termo "jogo". Quantos tipos de jogos existem e o que têm em comum? Por que chamamos pingue-pongue e xadrez de "jogos"? Todo jogo é competitivo? Há jogos de azar e jogos de habilidade. Conclui, então, que não há um conceito de jogo fechado ao qual nos referimos pela palavra "jogo", e que o que vemos é uma complicada rede de semelhanças de conjunto e de detalhe, exatamente o que devemos reconstruir por meio de nossa análise. Não há limites definitivos, já que esses limites e demarcações podem se alterar devido a novas práticas e ao surgimento de novos jogos. Limites podem ser traçados para uma finalidade particular, mas isso não significa necessariamente nada de definitivo (§69).

Assim, o significado não pode ser determinado fora do jogo, sem que se considere o uso, uma vez que não existem limites prévios. A análise deve avaliar as situações reais de emprego das palavras e as distinções finas que indicam como casos semelhantes podem ser mais diversos e complexos do que aparentam. Essa investigação é mais relevante para o método elucidativo do que as abstrações e as generalizações teóricas.

Isso nos remete novamente à questão sobre como efetivamente desenvolver essa análise, como elucidar os usos quando surge uma dificuldade. Não à toa Wittgenstein avançou na analogia com os jogos que se encontram na própria noção de jogo de linguagem. Jogos são sempre jogados de acordo com regras e, portanto, analisar jogos é explicitar as regras de uso às quais falantes e ouvintes recorrem para realizar seus objetivos em determinados contextos.* A noção de regra com a qual o jogo é jogado permite algum grau de generalização sem supor o postulado da existência de entidades abstratas correspondentes a elas. Regras são diretrizes, indicações, como uma sinalização de trânsito. Wittgenstein usa, aliás, essa metáfora de regras como placas ou indicadores de direção (*sign posts*, na versão em inglês), no §198 das *Investigações filosóficas*. As regras definem o papel dos jogadores e os procedimentos a serem adotados para que eles alcancem seus objetivos, no entanto nem sempre elas são estabelecidas de forma rígida. Nesse sentido, a seguinte passagem é reveladora:

> Será que aqui a analogia da linguagem com o jogo não nos será esclarecedora? Podemos muito bem imaginar que pessoas se divirtam num campo jogando bola e de tal modo que comecem diferentes jogos existentes, não joguem muitos deles até o fim, atirem a bola entrementes para o alto ao acaso, persigam-se mutuamente por brincadeira, atirando a bola etc. Então alguém diz: durante todo o tempo aquelas pessoas jogaram um jogo e se comportaram, a cada jogada, segundo determinadas regras. E não se dá

---

* Sobre a noção de regra em L. Wittgenstein, ver S. Holtzman e C. Leich (orgs.), *Wittgenstein: To Follow a Rule*. Sobre a relevância da noção de regra, ver F. Schauer, *Playing by the Rules*.

também o caso em que jogamos e – "*make up the rules as we go along*"? E também o caso em que as modificamos – *as we go along*.* (§83)

As regras não são todas do mesmo tipo. Pode-se dizer que existem desde práticas regulares mais informais até regras institucionais de caráter rígido, fundadas em uma autoridade e com uma formulação explícita sujeita a sanções, caso não obedecidas. Um mesmo jogo pode, portanto, variar quanto à intensidade de uso de suas regras. Pensemos no futebol. Há uma diferença entre uma pelada jogada na praia, entre amigos, e a final de um campeonato, no Maracanã. Em ambos os casos dizemos que se trata de futebol. Entretanto, no caso da pelada, as regras se aplicam de forma menos rígida, os jogadores estão apenas se divertindo; já no final do campeonato disputa-se um título, um prêmio, e as regras devem ser seguidas à risca.

Em um texto famoso, "Sobre o começo do tratamento", de 1931, Freud faz uma analogia entre a terapia psicanalítica e o jogo de xadrez, exemplo usado também por Wittgenstein (§§197-9). Para Freud, no xadrez só estão definidas as regras de abertura e de fim de jogo, além dos movimentos das peças, enquanto todos os outros lances dependem da criatividade dos jogadores. A lição é simples: uma ação ou conduta regulada por regras não implica que todos os passos estejam predefinidos.

A "tomada de turnos", ou a vez de cada um falar em uma conversação (*conversation turn-taking*), fenômeno tipicamente pragmático, com regras próprias e de importância crucial na comunicação, ilustra como a noção de regra deve ser encarada de modo amplo.** Esse conceito descreve situações bastante informais em que, mesmo assim, aplicam-se regras. Se, durante uma reunião de amigos para um bate-papo a uma mesa de

---

* Literalmente, "Fazemos as regras conforme prosseguimos"; em inglês no original alemão.
** Sobre a noção de *turn-taking*, ver E.A. Schegloff, *Sequence Organization*. Sobre essa crítica à teoria dos atos de fala e seu desenvolvimento, ver Searle et al., *(On) Searle on Conversation*.

bar, alguém interrompe sistematicamente a conversa, viola uma norma básica de comunicação e dificulta o fluir das ideias. Mas não se pode dizer que haja propriamente uma "regra" sobre isso, ou uma autoridade que a sustente. Trata-se de hábito ou regularidade que produz expectativas nos interlocutores. Aprendemos esse procedimento informal participando desse tipo de situação. A sanção que pode ocorrer para quem não "seguir essa regra" é simplesmente ser advertido disso, ou, no limite, ser excluído do grupo. E a exclusão social pode ser uma sanção pesada.

Mas se a análise tem como um de seus componentes o exame das regras que nos permitem caracterizar o jogo, é importante lembrar que Wittgenstein afirma, ainda em *Investigações filosóficas* (§133), que não existe um único método, mas diferentes métodos, assim como diferentes terapias. Tais métodos consistem em tentativas de elucidar os usos de palavras sobre as quais pairam dúvidas e obscuridades, examinando-se o jogo de linguagem em que isso se dá e explicitando-se as regras segundo as quais os jogadores jogam – entendendo-se regra dessa forma ampla e diversificada. No §593 das *Investigações filosóficas*, ele declara que uma das principais causas da "doença filosófica", isto é, das idealizações e generalizações, é viver sob uma dieta unilateral, alimentando-se de um só tipo de exemplo.

Wittgenstein por vezes chega mesmo a caracterizar seu método como um ponto de vista "panorâmico", "do alto" ou de "sobrevoo" (*"eine übersichtliche Darstellung"*, §122), em que é possível, por meio de um olhar mais geral, fazer comparações entre usos em diferentes jogos que podem, contudo, ter algo semelhante entre si. De certa forma, isso é feito em relação à própria palavra "jogo" nos parágrafos aqui citados.

Wittgenstein nunca define seu método de forma precisa. A análise está condicionada às questões iniciais que a suscitam, e seu resultado será sempre referente a essas questões iniciais. A investigação cessa quando nos sentimos elucidados, mas isso não impede que, mais adiante, novas questões surjam e o processo tenha de ser recomeçado. Esse método, como comentado no Capítulo 3, foi considerado excessivamente assistemático e sem critério claro sobre o momento da elucidação. Contudo, isso nunca pareceu um defeito ou uma limitação a Wittgenstein, e sim uma característica da diversidade dos usos e dos contextos, enfim, da pragmática.

Veremos, em seguida, como John Langshaw Austin, seguindo uma direção oposta com sua Teoria dos Atos de Fala (Speech Act Theory), procura dar um tratamento mais sistemático à análise do uso da linguagem, considerando que a diversidade do uso deixa de ser um obstáculo se empregamos categorias e instrumentos adequados.

5. A linguagem performativa:
Austin e a teoria dos atos de fala

> "Escrevi o que vi, não realizei nenhuma ação, mesmo uma opinião é uma forma de ação."
>
> Thomas Fowler, em *O americano tranquilo*,
> de Graham Greene

> *"I don't live, I act."**
>
> John Barrymore

John Langshaw Austin deu novas direções à concepção de linguagem formulada por Ludwig Wittgenstein quando introduziu em suas análises o termo "performativo".** Em *Quando dizer é fazer*, obra que reúne uma série de conferências ministradas em Harvard em 1955, nas quais desenvolveu a Teoria dos Atos de Fala (Speech Act Theory), ele apresenta a expressão:

> Que nome daríamos a uma sentença ou a um proferimento desse tipo? Proponho denominá-la *sentença performativa* ou *proferimento performativo*, ou, de forma abreviada, "um performativo". O termo "performativo" será usado em uma variedade de formas e construções cognatas, assim como se dá com o termo "imperativo". Evidentemente esse termo é derivado do verbo inglês

---

* "Não vivo, atuo", em sentido literal. A dificuldade de traduzir a frase do ator americano John Barrymore (1882-1942), grande intérprete de Shakespeare, deve-se ao fato de não haver em português um verbo que, assim como *to act*, tenha o duplo sentido de "agir" e "representar", tal qual um ator faz no palco. O verbo *to act* pode ser equivalente a *to perform* em inglês, o que ilustra a ideia de "performativo" que estamos discutindo aqui.

** Até que ponto J.L. Austin foi diretamente influenciado por L. Wittgenstein é uma questão controvertida. A esse respeito, ver D. Pears, "Wittgenstein and Austin", in *British Analytical Philosophy*.

to perform, verbo correlato do substantivo "ação", e indica que, ao se emitir o proferimento, está se realizando uma ação, não sendo, consequentemente, considerado um mero equivalente "a dizer algo".

Muitos outros termos podem ser sugeridos, cada um cobrindo uma ou outra classe mais ou menos ampla de performativos. Por exemplo, muitos performativos são "contratuais" ("Aposto"), ou "declaratórios" ("Declaro guerra"). Mas nenhum termo de uso corrente que eu conheça é suficiente para cobrir todos os casos. O termo técnico que mais se aproxima do que necessitamos seria talvez "operativo", na acepção em que é usado pelos advogados ingleses ao se referirem àquelas cláusulas de um instrumento legal que servem para efetuar a transação (isto é, a transmissão de propriedade, ou o que quer que seja) que constitui sua principal finalidade, ao passo que o resto do documento simplesmente "relata" as circunstâncias em que se deve efetuar a transação. Mas "operativo" tem outros significados ... preferi, assim, um neologismo ao qual não atribuiremos tão prontamente algum significado preconcebido, embora sua etimologia não seja irrelevante. (p.25)

A ideia de Austin é enfatizar a realização de atos na linguagem, indicando que tais atos – nos quais a promessa seria o paradigma – consistem em uma forma de contrato entre falante e ouvinte. Nesse contrato, o falante, ao proferir a sentença linguística, se compromete a fazer algo, enquanto o ouvinte cria expectativas e age com base nesse compromisso assumido pelo falante. Segundo o filósofo, quando usamos a linguagem "damos a nossa palavra", isto é, "prometemos". Portanto, mais do que ação, a linguagem é *interação*; não basta levar em conta o contexto para entender o signo. O uso da linguagem modifica o próprio contexto, cria novos contextos, intervém no real. É precisamente o que ocorre com os verbos performativos "nomear", "destituir", "votar", "revogar", "eleger", "apostar", "batizar" e outros do tipo.

Em Aristóteles e santo Agostinho, conforme visto nos Capítulos 1 e 2, o signo remetia a algo diverso de si mesmo, algo que buscava justamente representar, e o papel da filosofia da linguagem seria explicar essa dimensão semântica, essa representação. A ideia de convencionalidade do signo, vale dizer, seu caráter social e, por conseguinte, variável, relativo a uma época e a uma cultura determinadas, já se encontra presente nessas primeiras teorias. Mas é vista como uma dificuldade a ser suplantada por algo estável, de caráter cognitivo, que deveria ser o significado. Na concepção performativa, essa dimensão representacional é abandonada em favor da ação que a linguagem realiza. E o signo, tomado em si mesmo, passa a ser entendido apenas como mais um elemento de um conjunto que entra em ação para a realização do ato e que compreende desde a linguagem verbal até as características do contexto – um tribunal, uma sala de aula, um teatro etc.

Quando a linguagem é usada em um sentido performativo, não descrevemos simplesmente o real, nós o constituímos. Não somente com o que fazemos, mas com o processo interativo em que nos engajamos pela linguagem. Em *Quando dizer é fazer*, Austin deixa claro desde o início que seu objetivo primordial não é apresentar uma concepção teórica sobre a natureza e a função da linguagem, e sim, ao contrário, propor um método de análise de problemas filosóficos por meio do exame do uso da linguagem, entendido aqui como um modo de realizar atos por meio de palavras. Na 12ª Conferência, a última incluída em seu livro, ele afirma que "o ato de fala total na situação de fala total é o único fenômeno real que, em última análise, pretendemos elucidar" (p.147). Isso revela que, para ele, a tarefa da filosofia da linguagem é a elucidação das diferentes formas de uso da linguagem. Aliás, essa é uma característica de sua teoria que acabou se perdendo em seus desenvolvimentos posteriores, por exemplo, em John R. Searle (*Speech Acts* [Atos de fala]) e Daniel Vanderveken (*Foundations of Illocutionary Logic* [Fundamentos da lógica ilocucionária], escrito com o próprio Searle). Nas observações finais da 12ª Conferência, Austin também enfatiza a necessidade de aplicar a teoria a problemas filosóficos.

Porém, apesar de inicialmente formulada por Austin como um método de análise de problemas filosóficos através da linguagem, a Teoria dos

Atos de Fala se desenvolveu em duas direções que se afastaram do objetivo primordial de seu criador. Por um lado, dando origem a uma análise formal da linguagem; por outro, influenciando a linguística, em especial a aplicada, sendo ainda adotada pelas ciências humanas e sociais. Assim, conceitos como *performativo* e *força ilocucionária* tornaram-se correntes em linguística, psicologia, ciências sociais e teoria da comunicação.*

Na concepção de Austin, os constituintes elementares do uso e da compreensão da linguagem natural são *atos de fala*, tendo condições de sucesso e de felicidade para a sua realização. E não proposições que possuem condições de verdade, tal como defendido pelas teorias do significado da vertente lógica da filosofia da linguagem do início do século XX, representada, entre outros, por Gottlob Frege, Bertrand Russell e o Wittgenstein do *Tractatus logico-philosophicus*.

Como já mencionado nos Capítulos 2 e 3, Austin toma como ponto de partida, em sua 1ª Conferência, a hoje famosa distinção entre *constatativos* e *performativos*, quer dizer, entre as sentenças usadas para descrever fatos e eventos e as usadas para realizar (*to perform*) algo, e não descrever ou relatar. Um exemplo de constatativo típico é "Maria está brincando na praça"; e de performativo, "Prometo que lhe pagarei amanhã". Enquanto os constatativos podem ser verdadeiros ou falsos em relação aos fatos que descrevem, um performativo não é nem verdadeiro nem falso, já que não descreve um fato. Um performativo deve, sim, ser considerado bem ou malsucedido, *feliz* ou *infeliz*, como diz Austin, dependendo das circunstâncias e das consequências do ato.

Austin logo percebeu que essa dicotomia era inadequada, uma vez que o constatativo também apresenta uma dimensão performativa (descrever

---

* É particularmente relevante, por exemplo, a influência dessa teoria em historiadores contemporâneos (ver Q. Skinner, "Social meaning and the explanation of social action", in *Philosophy, Politics and Society*), assim como na psicanálise (ver S. Felman, *Le scandale du corps parlant*). Mais recentemente, J. Butler alertou, em *Excitable Speech*, para os usos performativos da linguagem em casos de agressão verbal (*hate speech*) e de veiculação de preconceitos.

é também um ato que realizamos e que pode ser bem ou malsucedido). Por outro lado, os performativos têm uma dimensão constatativa, já que mantêm uma relação com um fato (em "Prometo que lhe pagarei amanhã" essa dimensão residiria no fato de eu ter ou não pagado o prometido no dia seguinte). Austin propõe, então, que sua concepção do uso da linguagem como uma forma de agir seja estendida a toda a linguagem. Conforme observa o jornalista Thomas Fowler, personagem do romance *O americano tranquilo*, do inglês Graham Greene (em epígrafe), é quase impossível usar a linguagem sem realizar algum tipo de ato.

O *ato de fala* é tomado como a unidade básica de significação, sendo constituído por três dimensões integradas ou articuladas: os atos *locucionário, ilocucionário* e *perlocucionário*. O ato locucionário consiste na dimensão linguística propriamente dita, isto é, nas palavras e sentenças empregadas, dotadas de sentido e referência e de acordo com regras gramaticais. O ato ilocucionário, que é o núcleo do ato de fala, tem como aspecto fundamental a *força ilocucionária*, marcada pelo performativo propriamente dito, que constitui o tipo de ato realizado. Quando digo "Prometo que lhe pagarei amanhã", meu proferimento do verbo "prometer" é o próprio ato de prometer. Não se trata aqui de uma descrição de minhas intenções ou de meu estado mental. Ao proferir a sentença, realizo a promessa. A força do meu ato é a da promessa, e é nisso que reside o compromisso que assumo ao proferir o ato. Portanto, "prometer" é um verbo performativo, e, em geral, os verbos performativos descrevem as forças ilocucionárias dos atos realizados. É claro que posso fazer uma promessa sem usar explicitamente o verbo "prometer", dizendo "Eu lhe pagarei amanhã", e isso contaria como uma promessa, em circunstâncias adequadas. Por outro lado, em situações diferentes, poderia contar também como ameaça. Isso revela que atos ilocucionários podem se realizar com verbos performativos implícitos e, ainda assim, ter a força que pretendem ter. Pode-se dizer, por conseguinte, que a realização de um ato de fala com uma determinada força vai além de seus elementos linguísticos propriamente ditos, ou seja, das palavras proferidas. E na linguagem ordinária esse é um fenômeno bastante comum. Um dos principais objetivos da análise dos atos de fala é justamente tornar explícita a força do ato realizado.

O ato perlocucionário, que tem recebido menos atenção dos especialistas, foi definido por Austin como caracterizado pelas "consequências do ato em relação aos sentimentos, pensamentos e ações da audiência, ou do falante, ou de outras pessoas, e pode ter sido realizado com o objetivo, intenção ou propósito de gerar essas consequências" (p.101). A análise dos efeitos e das consequências tornou-se uma das características centrais da pragmática.

Austin caracteriza, em seguida, as condições pressupostas para a realização desses atos, que consistiriam em uma combinação de intenções do falante e de convenções sociais com diferentes graus de formalidade. A satisfação dessas condições é o critério de sucesso ou fracasso da tentativa de realização do ato. As intenções são consideradas psicológicas e, por isso, subjetivas, embora em última análise se originem de práticas sociais e dependam destas para a sua realização.

As convenções são de natureza social e podem ser mais formais, por exemplo no caso de um tribunal, ou informais, no caso de um grupo de amigos que discute o resultado da final de um campeonato de futebol. Em ambas as situações as convenções estão presentes e os falantes seguem regras, normas, procedimentos habituais que possuem graus variados de formalidade, mas que compõem sua forma de conduta enquanto elementos básicos do contexto de realização dos atos. Com frequência, especialmente em circunstâncias informais, essas regras ficam implícitas, vindo à tona quando são violadas. Por meio de sua Doutrina das Infelicidades, proposta na 2ª Conferência, Austin busca uma maneira de lidar com esse aspecto dos atos de fala. Uma vez que o mapeamento ou a explicitação completa das regras pode ser uma tarefa inexequível, a análise dos motivos pelos quais alguns atos falham – ou são infelizes – é reveladora das regras que foram rompidas.

Na 12ª Conferência, a última incluída em *Quando dizer é fazer*, as forças ilocucionárias dos proferimentos são classificadas, de modo provisório, em cinco tipos gerais:

1. veredictivos;
2. exercitivos;
3. compromissivos ou comissivos;
4. comportamentais;
5. expositivos.

O autor procura explicitar cada classe por meio de exemplos provavelmente porque, como nem sempre um performativo explícito é empregado, a análise depende da identificação do ato para a reconstrução das regras que tornam possível a sua realização. Isso revela que já na formulação inicial de Austin havia a preocupação com um método de explicitação de elementos implícitos. E que esse é um dos objetivos centrais de sua teoria e uma das principais características de sua visão pragmática. O autor deixou a teoria apenas esboçada, ou "formulada como um programa", segundo suas próprias palavras. Contudo, a necessidade de desenvolvê-la foi logo sentida, quando se percebeu sua potencialidade para tratar de forma sistemática os aspectos pragmáticos da linguagem.

Algumas aparentes limitações da teoria têm sido bastante discutidas, como uma suposta falta de visão dialógica. De acordo com o argumento dessa crítica, a noção de ato de fala seria excessivamente centrada no falante individual, o que poderia levar à não consideração do contexto de uso, do *jogo de linguagem*, para citarmos a terminologia de Wittgenstein no §7 das *Investigações filosóficas* (ver Capítulo 4). Todavia, já nas primeiras versões da teoria, as definições do ato de fala indicavam a necessidade de se considerar os aspectos interacionais de sua realização, por exemplo, a natureza contratual desses atos. Isso é enfatizado por Austin quando ele mostra que proferir um ato de fala nas circunstâncias adequadas equivale a assumir um compromisso com o ouvinte: "Minha palavra é meu compromisso" (*My word is my bond*).

É, assim, perfeitamente possível desenvolver a Teoria dos Atos de Fala nessa linha, e isso tem sido feito por autores como Daniel Vanderveken e Francis Jacques.* A adoção da teoria de H.P. Grice (que será abordada no Capítulo 6) sobre o significado do falante, para complementar a Teoria dos Atos de Fala, já insinuava esse tipo de preocupação, uma vez que a teoria de Grice leva em conta centralmente o ouvinte e o diálogo realizado, ao propor ao ouvinte recursos para a interpretação dos objetivos do falante.

Quando Austin fez sua proposta de classificação de forças ilocucionárias,** pareceu claro que essa tipologia deveria servir para identificar a força ilocucionária do proferimento nos casos em que o performativo não estava explícito. Mas também nos casos em que o verbo performativo e a força ilocucionária não coincidiam exatamente, isto é, quando o performativo não descrevia de modo adequado a força ilocucionária do ato. Por exemplo, em "Declaro aberta a sessão" temos um performativo explícito, dado pelo verbo "declarar", no sentido institucional de que o ato realizado tem a força ilocucionária da declaração e a sessão encontra-se aberta a partir desse proferimento. Entretanto, quando o presidente da sessão profere "Está aberta a sessão", mesmo sem utilizar o verbo "declarar", o performativo também se realiza. Isso é diferente do proferimento de alguém da audiência que comenta com o vizinho "Está aberta a sessão", chamando a atenção dele para o ocorrido. No primeiro caso, o do presidente da sessão, trata-se de um exercitivo; no outro, temos um expositivo.

A análise dessas diferenças depende não apenas de uma consideração da sentença proferida e do significado dos termos e expressões utilizados, mas também da identificação de elementos contextuais, como o papel do falante no contexto, a existência de normas e procedimentos e de insti-

---

* Ver D. Vanderveken, "Illocutionary logic and discourse typology", *Cahiers d'Épistémologie*, e F. Jacques, *Dialogiques* e *L'Espace logique de l'interlocution*.
** J.L. Austin, op.cit., p.149.

tuições que estabelecem essas normas e esses procedimentos, além das intenções ou objetivos dos falantes e ouvintes. Intenções e elementos subjetivos só podem ser identificados, por sua vez, com base no que é indicado explicitamente, ainda que de forma indireta, por meio do contexto. Esses elementos contextuais muitas vezes permanecem implícitos ou são meramente pressupostos.

Um dos principais objetivos dessa linha de análise dos atos de fala consiste em determinar as condições de possibilidade, ou, melhor dizendo, as pressuposições da realização do ato de fala. A análise dessas pressuposições busca estabelecer as condições formais (expressão de Vanderveken usada em *Meaning and Speech Acts* [Significado e atos de fala]) que devem ser satisfeitas para o sucesso do ato de fala. O próprio Searle refere-se aos elementos sintáticos desses atos em *Foundations of Illocutionary Logic*. São aspectos como esses que parecem apontar na direção oposta à de uma análise *pragmática* do uso da linguagem. É característico dessa tendência, por exemplo, que Vanderveken se refira, no livro citado, aos *fundamentos semânticos* dos atos de fala.

É preciso, porém, considerar a necessidade de um desenvolvimento *pragmático* da teoria, indo além dessas análises formais e semânticas. É preciso levar em conta, ainda, os elementos que explicam os efeitos e as consequências dos atos de fala, assim como os critérios de sucesso desses atos, o que caracterizaria uma análise genuinamente pragmática. Se uma análise de pressuposições aponta para aspectos formais e semânticos, uma análise de efeitos e consequências aponta para aspectos pragmáticos. Portanto, esta depende muito mais da consideração de elementos contextuais, de aspectos perlocucionários, da comparação entre objetivo declarado e realização efetiva, do que da consideração de aspectos estritamente linguísticos, o que parece ser o caso de análises formais e semânticas.

Proponho considerar o *ato de fala total* mencionado por Austin na 12ª Conferência como tendo as seguintes características, as quais serão retomadas no fim deste Capítulo:

1. *Condições de possibilidade*, isto é, convenções, regras e normas que tornam o ato possível, incluindo definições do que compõe um contexto adequado;
2. O efetivo *proferimento* das fórmulas e expressões linguísticas, incluindo a linguagem não verbal (gestos, uso de símbolos);
3. Os *efeitos* e as *consequências* que decorrem desse proferimento nessas circunstâncias e que podem tornar o ato bem-sucedido ou não.

A análise pragmática deve levar em conta o contraste entre o ato pretendido, segundo a definição em (1), e o efetivamente realizado (3), o que pode ou não coincidir, e as razões disso são particularmente relevantes. É necessário ter como objeto de análise a linguagem tal como utilizada. Segundo alguns críticos, a Teoria dos Atos de Fala, em conflito com a própria concepção da linguagem em uso e da análise da linguagem como forma de ação, estaria se concentrando, em alguns desenvolvimentos recentes (por exemplo em Searle e Vanderveken), em casos distantes do uso concreto e dos fenômenos linguísticos reais.

Ainda de acordo com essa crítica, o uso efetivo da linguagem na vida cotidiana seria muito menos estruturado e muito mais truncado e incompleto do que, por vezes, ocorre nos exemplos citados pela teoria. Mesmo assim, esse uso da linguagem, bem mais oblíquo do que a teoria reconhece, funciona, produz consequências, efeitos e resultados. Isso equivale a dizer que em larga escala a Teoria dos Atos de Fala poderia correr o risco de estar formulando uma *concepção idealizada* de linguagem. No uso concreto, elementos implícitos teriam um papel muito maior do que se admite. Além disso, essa teoria, enquanto método de análise da linguagem, se restringiria a indicar e descrever as características manifestas dos atos de fala. Seria então necessário, para desenvolvê-la, ter à disposição ferramentas para uma análise mais profunda que considerasse elementos implícitos, incluindo-se aí o caráter indireto de certos atos e de certos modos de influenciar a ação do interlocutor. É o caso da manipulação, do preconceito e de outras características indiretas e não declaradas que, apesar disso, são determinantes da força ilocucionária desses atos, assim como de seus efeitos e suas consequências.

A Teoria dos Atos de Fala também é vista, por vezes, como tendo por objeto de análise o ato de fala produzido por um falante, seja uma ordem ou uma promessa. Ainda que esse tipo de crítica mereça reflexão, não se pode dizer que revele um aspecto particularmente problemático da Teoria dos Atos de Fala, já que não há nada nela que seja incompatível com uma consideração dialógica dos atos de fala. E embora até possa ser dito que a noção de ato de fala é excessivamente centrada no falante individual, a teoria, desde seu início, já advogava a necessidade de se considerar os aspectos interacionais da realização dos atos de fala, por exemplo, a natureza contratual desses atos. Austin enfatiza esse aspecto quando ressalta que proferir um ato de fala nas circunstâncias adequadas corresponde, como já vimos, a assumir um compromisso com o ouvinte: "Minha palavra é meu compromisso."

Uma questão fundamental para o desenvolvimento da teoria emergiu do reconhecimento da importância da classificação dos atos ilocucionários proposta por Austin. O primeiro a tentar reelaborar essa classificação foi Searle, que organizou sua própria classificação alternativa em um texto intitulado "Uma taxonomia dos atos ilocucionários", incluído no livro *Expressão e significado*. Searle propõe cinco tipos – assertivo, compromissivo, diretivo, declarativo e assertivo – em substituição aos cinco de Austin. Além disso, define sete componentes da força ilocucionária que entram na definição dos tipos propostos:

1. objetivo ilocucionário (*illocutionary point*);
2. grau de força do objetivo ilocucionário;
3. modo de realização;
4. condição do conteúdo proposicional;
5. condição preparatória;

6. condição de sinceridade;
7. grau de força da condição de sinceridade.

A formulação desses componentes resulta do desenvolvimento de uma ideia inicial de Searle exposta em *Speech Acts*, segundo a qual o ato de fala é o resultado da combinação de uma proposição *p*, dotada de um determinado conteúdo semântico, que estabelece sua relação com os fatos no mundo, podendo, portanto, ser verdadeira ou falsa; e com a força ilocucionária *f*, que se acrescenta à proposição, levando à realização do ato de fala. Essa relação é representada formalmente pela fórmula *f(p)*. Temos, assim, o exemplo da asserção "A porta está aberta", que possui o mesmo conteúdo proposicional que o imperativo "Abra a porta!"; a interrogação "A porta está aberta?"; e o condicional "Se a porta estivesse aberta...", sendo que esses proferimentos apresentam diferentes forças ilocucionárias acrescentadas ao mesmo conteúdo.

Searle desenvolve, assim, a análise dos atos de fala em uma nova direção, criando uma versão mais sofisticada da classificação das forças ilocucionárias e de seus componentes. Em 1985, chegou a publicar com Vanderveken uma proposta de *lógica ilocucionária* como um sistema formal, levando essas ideias adiante no citado *Foundations of Illocutionary Logic*. Cinco anos depois, Vanderveken apresentou uma versão mais acabada dessa proposta em seu *Meaning and Speech Acts*.

A proposta de Searle de caracterizar esses componentes da força ilocucionária visa dar conta dos elementos intencionais e convencionais constitutivos do ato de fala segundo Austin. O papel de cada um desses componentes na constituição da força permite uma caracterização mais precisa e uma identificação mais clara de cada força como pertencente a um dos cinco tipos propostos.

A proposta da análise do ato de fala em termos desses sete componentes tenta superar a simples dicotomia entre elementos intencionais e convencionais, já que alguns dos componentes combinam aspectos que poderíamos considerar intencionais e convencionais, como (1), (2) e (3). Componentes como (4) parecem ser mais estritamente linguísticos; já outros, como (6) e (7), mais nitidamente intencionais, ou subjetivos; enquanto (5) parece ser quase sempre convencional. Contudo, essa caracterização não é rígida.* Afirma Searle em *Mente, linguagem e sociedade*:

> Precisamos distinguir os atos ilocucionários, que são o alvo de nossa análise, dos efeitos e consequências dos atos ilocucionários nos falantes. Então, por exemplo, ao *ordenar* que você faça alguma coisa, posso fazer com que você o faça. Ao discutir com você, posso persuadi-lo. Ao fazer uma afirmação, posso convencê-lo; ao contar uma história, posso diverti-lo. Nesses exemplos, o primeiro de cada par de verbos menciona um ato ou atos ilocucionários, mas a segunda expressão verbal menciona o efeito que o ato ilocucionário tem sobre alguém, um efeito como persuadir, convencer e fazer com que alguém faça alguma coisa. Austin, o inventor dessa terminologia, batizou esses atos que se relacionam a outras consequências que não a comunicação linguística de "atos perlocucionários". Assim, nossa primeira distinção é entre o ato ilocucionário, que é o verdadeiro alvo da análise, e o ato perlocucionário, que se relaciona às consequências ou efeitos de nossas ações, quer sejam atos ilocucionários, quer não, nos falantes. Em geral, os atos ilocucionários devem ser realizados intencionalmente. Se você não teve a intenção de fazer uma promessa ou uma afirmação, então não fez uma promessa ou uma afirmação. Mas os atos perlocucionários não precisam ser realizados intencionalmente. Você pode persuadir alguém de alguma coisa, ou fazer com que faça alguma coisa, ou incomodá-lo ou diverti-lo, sem ter a intenção de fazê-lo. O fato de os atos ilocucionários serem essencialmente intencionais, enquanto os atos perlocucionários podem ou não

---

* Sobre a definição desses componentes e a tipologia dos atos de fala, ver J.R. Searle e D. Vanderveken, *Foundations of Illocutionary Logic*, e D. Vanderveken, "Illocutionary logic and discourse typology", *Cahiers d'Épistémologie*.

ser intencionais, é uma consequência do fato de o ato ilocucionário ser a unidade de significado na comunicação. (p.127)

A questão crucial parece ser: qual o papel da classificação ou taxonomia das forças ilocucionárias para o desenvolvimento da Teoria dos Atos de Fala e para a metodologia da análise pragmática da linguagem, em especial no caso dos atos de fala indiretos? É importante examinar esses desenvolvimentos da Teoria dos Atos de Fala contrastando-os com a concepção original de Austin, cujos elementos centrais, até certo ponto, perderam-se em algumas das versões mais recentes da teoria, como pode ser visto, por exemplo, em *Foundations of Illocutionary Logic*.

Conforme comentado, um dos principais objetivos dessa linha de análise dos atos de fala consiste em determinar as condições, ou melhor, as pressuposições da realização do ato de fala.* A análise dessas pressuposições busca estabelecer as condições formais (expressão de Vanderveken) que devem ser satisfeitas para o sucesso do ato de fala. O próprio Searle refere-se, em "A taxonomy of illocutionary acts", aos elementos sintáticos desses atos, que parecem apontar para a direção oposta à de uma análise *pragmática* do uso da linguagem. É característico dessa tendência, por exemplo, que Vanderveken se refira, em *Meaning and Speech Acts*, aos *fundamentos semânticos* dos atos de fala.

Como Austin deixa claro na Doutrina das Infelicidades, um ato pode fracassar ou ser bem-sucedido – e entre o fracasso e o sucesso há toda uma gama de possibilidades e variações de grau e intensidade. Um ato pode ser parcialmente bem-sucedido ou, ainda, resultar em outro tipo de ato, o que seria mais um desvio do que um insucesso, e a consideração desses casos deve ser central em uma análise pragmática. Central porque, como tem sido apontado com frequência, essa teoria, em conflito com a própria concepção da linguagem em uso e da análise da linguagem como forma

---

* A respeito da noção de pressuposição, ver G. Gazdar, *Pragmatics*.

de ação, estaria se concentrando em casos distantes do uso concreto e dos fenômenos linguísticos reais.

Isso nos leva à seguinte questão fundamental: como é possível que aquilo que não se encontra explicitamente formulado ou que não é explicitamente proferido possa ser constitutivo do significado das sentenças proferidas e da força dos atos de fala realizados? Como pode nossa análise dos atos de fala dar conta desses elementos implícitos que, não obstante, reconhecemos não só estarem presentes, mas também serem determinantes da ação realizada e de seus efeitos e suas consequências? É necessário, assim, formular um método de análise que torne explícitos esses elementos implícitos. Teríamos, aqui, a proposta de um método crítico ou reconstrutivo, para o que contribui a *teoria dos atos de fala indiretos* de Searle, exposta em *Expressão e significado*, e que examinaremos no Capítulo 6.

Em linhas gerais, em uma perspectiva genuinamente pragmática, a Teoria dos Atos de Fala deve ver os atos de fala sempre como, ao menos potencialmente, dialógicos, consistindo, em sua maioria, de performativos implícitos ou atos realizados com força ilocucionária implícita e, portanto, atos de fala indiretos. Nesse sentido, um método interpretativo que torne possível a explicitação desses elementos implícitos e a identificação da força ilocucionária dos atos de fala indiretos precisará combinar a aplicação das máximas conversacionais de Grice e a taxonomia proposta por Searle.

Com base nas concepções de Wittgenstein e de Austin, a sintaxe e a semântica são apenas reconstruções teóricas, abstrações a partir da pragmática. Conforme já apontado, se examinarmos a linguagem em uso veremos que ela é muito mais truncada, incompleta e assistemática do que as idealizações dos teóricos. Contudo, isso não impede a comunicação e o entendimento, quando examinamos os contextos concretos desses atos.*

---

* Para uma crítica das idealizações teóricas e a possibilidade da comunicação, ver T. Taylor, *Mutual Misunderstanding*.

É apenas através do exame do uso que o significado das expressões linguísticas pode ser interpretado. E a interpretação desse significado é possível somente se levarmos em conta o jogo linguístico do qual as palavras e as expressões fazem parte e os atos que se realizam por meio do uso dessas palavras. O significado não é uma propriedade das palavras, algo inerente a elas, mas um resultado do que fazemos com elas. A semântica seria, assim, no máximo, a fixação de usos mais frequentes. Do ponto de vista de um método filosófico de elucidação do significado, o mais relevante seria uma análise pragmática da linguagem em uso.

Proponho considerarmos a noção formulada por Austin de ato de fala total como incluindo as três seguintes dimensões:

1. O *nível conceitual*, no sentido de que há termos e expressões no ato de fala que, mesmo não sendo verbos performativos, podem ser constitutivos da força ilocucionária e do significado indireto, caso das metáforas;
2. Os *verbos performativos*, que constituem a força ilocucionária do ato de fala, como "ordeno", "prometo", "aposto";
3. O *discurso*, visto como uma concatenação de diferentes atos de fala que constituem uma unidade mais complexa, caso do diálogo ou de textos de pareceres, relatórios, memoriais etc., que possuem um objetivo determinado.

A noção de *macro ato de fala* é relevante nessa proposta de ampliação do ato de fala para além do proferimento de um enunciado dotado de força ilocucionária. Esse conceito, proposto por T. van Dijk, mostra como a situação de uso define, por meio de seus pressupostos, um objetivo ilocucionário mais amplo que influencia e, em alguns casos, determina todos – ou quase todos – os demais atos de fala envolvidos. Por exemplo, se estamos num tribunal, durante um julgamento, o macro ato de fala pode ser visto como o próprio julgamento, que faz com que as afirmações das testemunhas tenham um valor específico, que não teriam em circunstâncias ordinárias, e que falsos testemunhos constituam crimes de perjúrio. No teatro, os atos de fala de atores são interpretados de modo não literal pela plateia, porque o macro ato de fala determina que todo discurso ali proferido tenha esse efeito. Mais especificamente, conforme os exemplos que examinaremos no Capítulo 7, um certo tipo de troca linguística determina como devemos interpretar cada ato realizado pelos falantes, constituindo-se, assim, um macro ato de fala determinante de suas forças ilocucionárias que permitirá que se interpretem os elementos implícitos em jogo, seus efeitos e suas consequências.

Outra questão fundamental nessa proposta de desenvolvimento da teoria é se atos de fala podem ser realizados sem palavras. Elementos contextuais, gestos, tom de voz, símbolos podem ser igualmente constitutivos de força ilocucionária, produzindo os efeitos e as consequências pretendidos pelo agente. Austin dá pelo menos um exemplo, ao final da 9ª Conferência, de como posso votar simplesmente erguendo a mão ou ameaçar balançando um cassetete, no caso de um policial. Levando isso em consideração, pode-se dizer que o ato de fala total raramente, ou talvez jamais, é só linguístico. De alguma forma, ele inclui uma combinação de elementos verbais e não verbais, sendo os não verbais igualmente constitutivos de força ilocucionária. O uniforme usado por alguém que dá uma ordem, a toga do juiz que profere a sentença, os paramentos de um padre no altar contribuem para que o proferimento conte de uma determinada maneira – como uma ordem, uma condenação ou absolvição, um casamento, respectivamente.

Lances em um tabuleiro de xadrez que contam como xeque ou xeque-mate e cartas lançadas sobre a mesa que indicam que alguém ganhou o jogo de pôquer são atos dotados de força ilocucionária e funcionam sem o proferimento de palavras, já que os participantes do jogo conhecem e aceitam as regras. Aplausos e vaias são atos não verbais dotados de força ilocucionária, significando aprovação ou reprovação. Casos mais especiais podem ser a coreografia de um balé que desperta na plateia sentimentos correspondentes por meio da integração entre a música e os movimentos do corpo, ou o cartão vermelho que um árbitro mostra para um jogador em campo durante uma partida de futebol com a força de "expulso do jogo". Nesse caso, nenhuma palavra precisa ser dita para que o ato se realize. Os efeitos e as consequências podem ser diversos: o jogador pode sair do campo cabisbaixo, o público pode vaiar o árbitro, os demais jogadores podem protestar. O árbitro, ao mostrar o cartão, não tem controle sobre tudo o que resulta de seu ato. Seu gesto, mesmo justificado nessas circunstâncias, pode provocar uma série de eventos imprevisíveis. Se seu objetivo for favorecer o time adversário, isso pode acontecer; contudo, pode também não acontecer, se o time do jogador expulso for superior.

Henrique Rondinelli, em um texto inédito intitulado *Quando curtir é fazer*, de 2013, mostra como na linguagem das mídias sociais, caso do Facebook, algo impensável na época de Austin, um clique no botão "curtir" – o ícone de uma mão com o polegar para cima – significa aprovação, incentivo, além de indicar que a mensagem ou postagem foi lida, que o agente que "curtiu" está seguindo o autor da postagem, e assim por diante. Rondinelli revela como a Teoria dos Atos de Fala pode ser estendida, dando conta da análise desse tipo de ato na linguagem das mídias eletrônicas em nosso contexto contemporâneo. O botão de "curtir" do Facebook tem sua inspiração no polegar levantado que se tornou, em algumas culturas, sinal de aprovação. O gesto, atribuído aos antigos romanos como sinal de perdão aos gladiadores derrotados, encontra-se também em *Almoço de camponeses*, um quadro famoso do pintor espanhol Diego Velázquez, de 1617-18, parecendo também aí indicar aprovação. Trata-se de um signo bastante usado em nossa sociedade como pedido de licença ou de passagem, de aprovação, saudação, por vezes de favor. Funciona de modo informal e é importante como complemento da comunicação verbal ou como comunicação não verbal.

Ainda na 9ª Conferência, Austin destaca a importância de uma análise das consequências dos atos de fala na consideração do "ato total", questão que acabou não desenvolvendo.* Todavia, em uma análise pragmática da linguagem, o "ato total" deve ser examinado quanto aos resultados que sua realização produz. A ênfase tem sido tradicionalmente dada a pressupostos e condições de possibilidade do ato, tais como crenças compartilhadas e regras e normas aceitas. Porém, uma análise pragmática da linguagem em uso deve, além de levar em conta o que decorre desse uso, examinar a relação entre os pressupostos, os resultados pretendidos e o que efetivamente ocorre quando o ato é realizado.

Por sua vez, o contexto de uso deve ser analisado do ponto de vista de seus resultados, efeitos e consequências, ou seja, daquilo que decorre do proferimento do ato. Esse aspecto tem sido em grande parte negligenciado na visão pragmática, já que os filósofos tendem a se concentrar em condições de possibilidade, tais como regras e atitudes do falante. Mas o papel do ouvinte ou da audiência e como estes são afetados são elementos primordiais para a consideração do ato total na concepção de Austin. Do mesmo modo, qualquer consideração do ato de fala, ainda segundo Austin, deve levar em conta sua eficácia na consecução de seus objetivos.

Assim, com base em Zeno Vendler, em "Effects, results and consequences", e em Fred Miller Jr., no artigo "Actions and results", proponho uma distinção preliminar entre *efeito*, *resultado* e *consequência* decorrentes da realização de um ato. Tais elementos são essenciais na consideração dos atos indiretos, tema do Capítulo 6. Partindo da acepção usual desses conceitos, formulo uma definição cujo teste de validade é, como em toda análise pragmática, sua contribuição e utilidade para o esclarecimento dos usos, o que poderá, por sua vez, levar a um refinamento dessas caracterizações. É claro que essa terminologia não é precisa, como, aliás, de modo geral, nosso uso da linguagem. A distinção visa apenas captar diferenças

---

* Z. Vendler, em "Effects, results and consequences", in R.J. Butler (org.), *Analytical Philosophy*, informa que Austin teria dito a ele em 1955 que esse tema deveria ser desenvolvido.

que podem ser relevantes para a análise, mas não deve ser considerada exaustiva nem tampouco ser examinada fora de contexto.

1. *Efeito*: é talvez o conceito mais amplo, e em toda a tradição filosófica (e científica) está associado ao entendimento de uma relação causal e a um processo físico. Efeitos são produzidos por causas. Muitas vezes, servem para dar conta de fenômenos naturais: o temporal que caiu ontem no Rio de Janeiro foi efeito de uma frente fria vinda do Sul. Pode-se dizer que a frente fria causou uma mudança de temperatura. Tomando como exemplo um ato de fala, se ordeno que a porta seja aberta e minha ordem é feita em condições adequadas e é bem-sucedida, a porta será aberta. Portanto, a porta estar aberta é um efeito de minha ordem.
2. *Resultado*: geralmente entra na descrição do ato. Minha nomeação para a direção do departamento foi resultado da eleição por meus colegas. Votações têm resultado, apostas têm resultado (ou ganho ou perco), mas não as descrevemos como efeitos.
3. *Consequência*: tem um alcance mais amplo, leva em conta os desdobramentos do ato. Por exemplo: ao ser eleito diretor de departamento, tive, em consequência, que desistir de minha licença sabática.

Podemos dizer, retomando o exemplo dado, que, por efeito de minha ordem, a porta foi aberta e entrou um golpe de ar frio; em consequência, a turma em sala de aula pegou um resfriado. A sequência soa plausível. Falamos em *efeito imediato*, por exemplo, se comi algo que não me fez bem e, logo em seguida, comecei a sentir enjoo, náuseas etc. Posso passar mal também devido ao *efeito colateral* de um remédio que precisei tomar e que me livrou de uma infecção (efeito positivo), porém me causou uma gastrite (efeito colateral negativo). Efeitos geralmente descrevem a passagem de um estado a outro. Já resultados costumam ter um caráter mais convencional, embora não no exemplo da porta aberta, em que o resultado parece dar conta de algo que se seguiu ao efeito. Mas, no caso do resultado de apostas e votações, o resultado é convencional, já que depende de regras e normas.

Consequências têm um caráter mais vago, por exemplo, em "Pense nas consequências de seu ato". Teorias consequencialistas na ética e no direito defendem que um ato só pode ser considerado correto ou justo quando se levam em conta suas consequências, que podem não ser intencionais. Se, por acidente, esbarro numa xícara e derrubo café em você, isso foi resultado do fato de eu ser desajeitado; o efeito foi manchar a sua camisa; em consequência, devo pedir desculpas por ter lhe causado dano. A Primeira Guerra Mundial começou como consequência do assassinato do arquiduque Francisco Ferdinando, em Sarajevo, em 1914, e teve como resultado, ao final, a redefinição das fronteiras de países europeus. É nesse sentido que posso dizer que algo resulta do meu ato, que tem efeito a partir do meu ato e que meu ato produziu determinadas consequências.

Como dissemos, a terminologia é imprecisa e, tão logo definimos esses termos, surgem contraexemplos. Sua consideração depende do jogo de linguagem e das características do ato. O essencial, contudo, é a tentativa de dar conta de diferentes dimensões do que decorre de um ato, permitindo o contraste entre o pretendido, o realizado e o alcance, muitas vezes imprevisível, do realizado. Esses conceitos são fundamentais no exame do contexto discursivo e revelam que atos de fala geram mudanças contextuais por efeito, por resultado e por consequência de suas realizações. São importantes também por evidenciar a relação entre os aspectos linguísticos e os não linguísticos dos atos de fala.

A consideração de efeitos, resultados e consequências é indispensável nos atos indiretos. Uma metáfora, se muito obscura, pode não surtir efeito nos ouvintes ou leitores. Nesse caso, diríamos que não houve nem resultado nem consequência. Dependendo de suas crenças ou expectativas, uma simples observação minha pode ter como consequência (poderíamos dizer também "resultado"?) ofendê-lo. "Provocar" é, com frequência, usado nesse sentido, como na frase "Os comentários dele provocaram mal-estar na audiência". Em outro sentido, porém, "provocar" adquire uma força ilocucionária significativa – quando digo "ele o está provocando" ou "não aceite provocações". Mas não é um verbo performativo, parecendo tratar-se de uma força que se realiza indiretamente. Como quase sempre, o teste da validade metodológica dessas distinções é a sua utilidade prática na análise, o que pode levar a um maior refinamento conceitual.

6. Atos de fala para além do dizer: um método de análise

> "Nos atos de fala indiretos o falante comunica ao ouvinte mais do que ele realmente diz."
>
> John Searle, "Os atos de fala indiretos", in *Expressão e significado*

Retomando nossa questão anterior: como é possível que aquilo que não se encontra explicitamente formulado ou que não é diretamente proferido seja constitutivo da força dos atos de fala realizados? Como pode nossa análise dos atos de fala dar conta desses elementos implícitos que reconhecemos não apenas como presentes, mas também como determinantes da ação realizada, de seus efeitos e de suas consequências? Essas perguntas apontam para a necessidade de formulação de um método de análise que torne explícitos tais elementos. Teríamos, assim, uma proposta de concepção pragmática de um método crítico ou reconstrutivo.

Um dos principais desafios da análise pragmática da linguagem é justamente desenvolver um método adequado para analisar atos de fala indiretos. O fenômeno da "indiretividade" é uma das características mais centrais da linguagem em uso, sendo genuinamente pragmático. Mas, conforme já dito, tem recebido pouca atenção de linguistas e filósofos da linguagem. Na visão de Wittgenstein, não há atos de fala indiretos porque tal noção pressupõe uma distinção entre sentido literal e sentido derivado que seu entendimento de jogo de linguagem não adota. É significativo, no entanto, que o famoso estudioso da linguagem Steven Pinker, de Harvard, tenha intitulado como *Games People Play: Indirect Speech as a Window into Social Relations* ("Jogos que as pessoas jogam: o discurso indireto como uma janela para as relações sociais") uma conferência que apresentou no Instituto de Filosofia da Universidade de Londres, em 2007.

A noção de *atos de fala indiretos*, exposta em outros capítulos, pode nos oferecer elementos para a criação de tal método, ao mostrar que os atos de fala são, em sua maioria, indiretos ou implícitos, e que isso ocorre simplesmente porque não é necessário que sejam explícitos. Esses proferimentos funcionam por meio de elementos contextuais e de pressupostos compartilhados por falante e ouvinte, enquanto participantes do mesmo jogo de linguagem e familiarizados com as crenças, os hábitos e as práticas um do outro. Uma análise de casos desse tipo deve, portanto, levar em conta o caráter dialógico da troca linguística realizada, assim como os elementos contextuais compartilhados, o que vai além daquilo que é proferido de modo explícito, isto é, além dos elementos linguísticos.

Um dos desafios da Teoria dos Atos de Fala, ao analisar o *ato de fala total* numa perspectiva pragmática, como propõe John Langshaw Austin, consiste em delimitar as fronteiras desse ato de fala total, demarcar o que deve ser incluído no contexto e identificar os pressupostos compartilhados. O *ato total* pode se projetar no futuro, se considerarmos seus efeitos e suas consequências – caso de testamentos e legados –, assim como pode depender de fatores do passado remoto, se levarmos em conta seus pressupostos em contratos, acordos, tratados.

A solução para se evitar esse caráter indeterminado do ato de fala total consiste em reconhecer que toda análise é provisória e que, no fundo, a delimitação do(s) ato(s) depende muito mais das questões que servem de ponto de partida à análise do que da possibilidade de delimitação precisa do ato. Nenhuma análise pode jamais pretender esgotar o ato em toda a sua complexidade. O seu alcance dependerá do enfoque adotado, e nada impede que outros aspectos do ato realizado sejam analisados.

Há, contudo, uma dificuldade adicional a ser considerada. Alguns atos realizados de forma indireta podem, se necessário, ser explicitados, realizando-se então de forma direta, caso das elipses e abreviações. Se não houver entendimento, um interlocutor pode pedir ao outro que seja mais explícito e o outro, provavelmente, não terá maiores dificuldades em fazê-lo. Porém, há muitos atos de fala que são realizados de modo indireto porque, por diversas razões, não podem ter sua força ilocucionária explicitada, caso contrário fracassariam ou seriam malsucedidos. A ironia e a insinuação são bons exemplos, assim como a barganha.*

Podemos dar algumas indicações de como é possível tornar explícitos os atos que resistem à explicitação recorrendo à teoria das *implicaturas conversacionais* que H.P. Grice apresenta em *Studies in the Way of Words* (Estudos sobre os caminhos das palavras). Mais do que uma forma de tratamento da questão sobre a relação entre intenções e convenções, como inicialmente se considerou, tal teoria permite que se desenvolva um método de análise que reconstrói os elementos implícitos na realização dos atos de fala. Sobretudo os atos indiretos, incluindo-se aí as expectativas do falante e do ouvinte em sua interação e o entendimento mútuo que pode resultar desse tipo de troca linguística.

A teoria do significado de Grice distingue significado do falante (*speaker's meaning*) de significado literal.** Consiste em uma análise do significado a partir de mecanismos de interpretação que envolvem regras e procedimentos que levam o ouvinte à identificação das intenções do falante ao dizer algo. Inicialmente, seu escopo era mais limitado, concentrando-se na distinção entre significado literal e não literal, porém tornou-se o ponto de partida para a análise dos aspectos intencionais na constituição da força ilocucionária dos atos de fala – em especial, por propor mecanismos de explicitação e de reconstrução das intenções, o que era considerado uma dificuldade a ser superada. Para evitar uma conotação psicológica, em que a

---

* Sobre o uso ideológico da linguagem, que também pode ser considerado indireto, mas envolve dificuldades adicionais e será caracterizado mais adiante como ato oblíquo, ver D. Marcondes, *Filosofia, linguagem e comunicação*.
** A distinção é feita por H.P. Grice na versão inicial de "Meaning" (escrito em 1948 e reescrito em 1957) e em "Utterer's meaning and intentions" (de 1967), textos transformados em capítulos do livro *Studies in the Way of Words*.

palavra "intenções" pode ser compreendida como referente a estados mentais, o que certamente não é o sentido que lhe atribui Grice, adotaremos os termos "objetivos" ou "propósitos dos falantes".

No capítulo de *Studies in the Way of Words* intitulado "Lógica e conversação", Grice formula seu Princípio de Cooperação, segundo o qual toda troca linguística – pode-se dizer, toda interação humana – se baseia no pressuposto de que falante e ouvinte, os agentes que interagem, têm um objetivo recíproco de cooperação, de entendimento mútuo. Mesmo em casos de conflito, discórdia, desavença, oposição, tem-se um pressuposto inevitável de entendimento em torno do motivo do conflito ou da discórdia. A negação da comunicação não é o conflito ou a discórdia, mas o silêncio, a recusa, a ausência de comunicação. Isso se dá não quando alguém discorda do outro, mas quando simplesmente dá as costas e se retira, rompendo com o jogo de linguagem.

Em seguida, Grice se pergunta como esse princípio, também chamado por ele de Máxima da Cooperação, opera em situações de comunicação que envolvem linguagem verbal e não verbal. Para isso propõe subdividir a Máxima da Cooperação em quatro submáximas que explicitariam as características ou os pressupostos da cooperação e que ele formula como regras imperativas. São elas:

1. *Quantidade*: seja informativo. Não forneça nem mais nem menos informação do que o necessário. É claro que o critério de necessário depende do contexto, de crenças compartilhadas e de objetivos gerais.
2. *Qualidade*: seja verdadeiro. Não diga aquilo que não tenha boas razões para acreditar que seja verdadeiro. É claro que o verdadeiro é, aqui, uma noção ampla que pode incluir o verossímil e mesmo o provável.
3. *Relação*: seja relevante. Diga apenas aquilo que tiver relação com a comunicação em andamento, ou seja, que for pertinente para a troca linguística em questão.
4. *Modo*: seja claro. Evite obscuridade, formule um discurso bem estruturado e não use linguagem confusa.

É evidente, porém, que essas condições raramente ocorrem, e seria de estranhar que ocorressem. Em raras ocasiões um discurso será plenamente informativo, verdadeiro, relevante e claro, na medida certa, seja lá qual for. As submáximas são apenas pressupostos que adotamos quando fazemos parte de uma situação de comunicação, são expectativas que falante e ouvinte têm sobre a conduta de cada um. O que Grice quer dizer é que, quando essas submáximas são violadas, ou seja, quando parecem não se aplicar a uma situação concreta, o ouvinte levanta hipóteses interpretativas sobre por que seu interlocutor está se expressando daquela maneira. Se dou informação excessiva, por exemplo, isso pode soar estranho.

Consideremos o seguinte: combinamos nos encontrar na sala do Departamento de Filosofia. Porém, se lhe digo na sala 1.158 do prédio Leme, na Pontifícia Universidade Católica do Rio de Janeiro, na rua Marquês de São Vicente, 225, no bairro Gávea, no município do Rio de Janeiro, no estado do Rio de Janeiro, no Brasil, na América do Sul, no planeta Terra etc., embora todas essas informações sejam verdadeiras, são desnecessárias, fazendo com que minha fala se torne pouco clara. Parece então, diria Grice, que, de acordo com o princípio da relevância, há algum motivo ulterior no meu discurso para isso. Posso estar fazendo uma brincadeira ou insinuando que você não tem um bom senso de direção.

É claro que o que consideramos verdadeiro ou falso depende do contexto ou do momento histórico. Eu estaria dizendo uma verdade na Antiguidade se afirmasse que o Sol gira em torno da Terra, como Platão o faz no *Teeteto*, porque essa era a crença na época. O que Grice está mostrando é que, quando as submáximas são, ou parecem ser, desrespeitadas, isso gera o que ele chama de *implicaturas conversacionais*, ou seja, o ouvinte levanta hipóteses interpretativas de acordo com as próprias crenças, e com o contexto compartilhado com o falante, sobre por que seu interlocutor se expressou daquela maneira. No exemplo dado, já que não há discurso irrelevante, o aparentemente irrelevante ou excessivo sempre pode sinalizar outra coisa.

Em um momento anterior a "Lógica e conversação", ainda a propósito da distinção entre significado do falante e significado literal, Grice dá um exemplo bastante elucidativo. Imaginem um professor que, após o primeiro dia de aula, entra na sala dos professores e, com ar cansado, exclama: "Neste semestre todos os meus alunos são verdes!" Essa exclamação pode causar surpresa em seus colegas. Se for entendida em sentido literal, a cor dos alunos certamente não será considerada relevante nem verdadeira. Como, segundo as máximas, deve ser relevante e verdadeira, a hipótese seguinte é que "verde" signifique imaturo, o que pode fazer sentido naquele contexto. Porém, dependendo de variações contextuais e de crenças compartilhadas, outras hipóteses podem ser igualmente plausíveis. "Verdes" pode significar ambientalistas, se referente ao Partido Verde, ou, ainda, se estivermos em São Paulo, pode querer dizer torcedores do Palmeiras. As implicaturas conversacionais são mecanismos importantes para a interpretação de fenômenos linguísticos como metáfora, ironia, insinuação, onde, exatamente como na formulação que acabamos de expor, algo é significado sem ser dito explicitamente. Em outras palavras, um ato de fala é realizado sem verbo performativo explícito.

Partindo da análise de Searle desenvolvida em *Expressão e significado*, mais precisamente no capítulo "Uma taxonomia dos atos ilocucionários", atos indiretos são realizados sobretudo através de *background assumptions*, isto é, pressupostos pertencentes ao contexto compartilhado pelos interlocutores. A consideração dos contextos de uso parece central na análise dos atos de fala indiretos. Eles têm sido interpretados na literatura sobre o tema como contendo os pressupostos e as condições de possibilidade de realização de um ato. A noção de direção de ajuste (*direction of fit*) indica como o contexto, ele próprio, pode ser alterado pela ação realizada. Atos de fala, bem como os fenômenos pragmáticos em geral, caracterizam-se não apenas em usos da linguagem em um contexto determinado, mas também em atos realizados que produzem resultados, efeitos e consequências.

Em "Os atos de fala indiretos", outro capítulo do supracitado livro, Searle dá a seguinte definição de atos de fala indiretos:*

> Nos atos de fala indiretos o falante comunica ao ouvinte mais do que diz porque ambos compartilham informações, linguísticas e não linguísticas, que pertencem a seus contextos, assim como a racionalidade e a capacidade de fazer inferências que ambos têm.

Na análise de alguns exemplos que se seguem, Searle depende fortemente da teoria de Grice sobre as máximas conversacionais. Com efeito, parece necessário um modelo como o de Grice para a reconstrução dos elementos implícitos em termos de atribuição de expectativas e geração de expectativas, evitando-se assim, por um lado, o subjetivismo psicológico e, por outro, o problema da necessidade de interpretação do contexto, o que nos levaria a uma análise sociolinguística.

É frequente a crítica de que a filosofia da linguagem, até mesmo na perspectiva da pragmática, tem se concentrado em exemplos distantes de usos concretos da linguagem. Conforme já comentado, o uso cotidiano da linguagem é muito menos estruturado, oblíquo e fragmentado do que algumas teorias parecem supor. Ainda assim, a comunicação é possível e atos de fala são realizados. Cabe aqui apenas indicar algumas das características centrais de um método crítico ou reconstrutivo que cumpra o objetivo de tornar explícitos tais elementos.

Duas teorias parecem ser particularmente relevantes e úteis para esse propósito. A primeira é a *teoria dos atos de fala indiretos* de Searle, exposta em *Expressão e significado*. Trata-se de uma das raras tentativas de lidar com a questão, e, mesmo assim, ele acabou não desenvolvendo esse tipo de método. Searle mostra que os atos de fala são, na maior parte das

---

* J.L. Austin introduz essa noção na 10ª Conferência de *How to Do Things with Words*, mas sem a elaborar.

vezes, indiretos ou implícitos, e isso ocorre simplesmente porque não é necessário que sejam explícitos. O exemplo dado por Searle é o de um colega que diz para o outro: "Há um bom filme no cinema da esquina." Ao que o outro responde: "Tenho prova de matemática amanhã." É óbvio que no primeiro proferimento (um constatativo, ou declarativo, segundo a classificação posterior) há, implicitamente, um convite, que é como o ato é interpretado pelo colega, que, por sua vez, responde também por meio de um constatativo, ou declarativo explícito, recusando o convite. Contudo, os performativos explícitos "Eu o convido..." e "Eu recuso o seu convite..." em nenhum momento são proferidos. Na verdade, nem sequer precisam ser proferidos.

De que maneira então funcionam, isto é, possuem a força ilocucionária do convite e da recusa? Funcionam, basicamente, através de elementos contextuais e de pressupostos compartilhados por falante e ouvinte enquanto participantes do mesmo jogo de linguagem, familiarizados com as crenças, os hábitos e as práticas um do outro. Uma análise de casos desse tipo deve, portanto, levar em conta o caráter dialógico da troca linguística realizada, assim como os elementos contextuais compartilhados, o que vai além daquilo que é proferido explicitamente por meio de elementos linguísticos. Em linhas gerais, o desenvolvimento da Teoria dos Atos de Fala, em uma perspectiva genuinamente pragmática, deve levar em conta que:

1. esses atos consistem, em sua maioria, em performativos implícitos, ou em atos realizados com a força ilocucionária implícita, caracterizando-se, portanto, como atos de fala indiretos. Para eles desenvolveremos, adiante, uma tipologia;
2. deve haver um método interpretativo que torne possível a explicitação desses elementos implícitos, e a identificação da força ilocucionária dos atos de fala indiretos deve combinar a aplicação das máximas conversacionais de Grice e a taxonomia proposta por Searle, de modo a tornar possível a reconstrução do tipo de ato que está sendo realizado, de acordo

com a identificação dos elementos básicos constitutivos da força ilocucionária desses atos.

A análise de atos de fala indiretos baseou-se quase sempre na interpretação das intenções do falante e no reconhecimento dessas intenções por seu interlocutor, seguindo Grice em "Lógica e conversação". Pretendo mostrar que esses atos podem ser analisados do ponto de vista de seus resultados e de suas consequências, assim como das expectativas que produzem no ouvinte. É uma forma de evitar recorrer a processos psicológicos internos pressupostos pela noção de Grice de intenções do falante. Proponho uma definição de três tipos de atos indiretos, examinando suas características e discutindo como podem ser analisados:

1. *Atos elípticos*: são aqueles em que não há necessidade de o verbo performativo ser explícito, mas este pode ser explicitado, se necessário. É o caso de "(Peço-lhe que) abra a porta!". Aqui o performativo pode ser omitido sem prejuízo por ser óbvio, dadas as circunstâncias do uso. O primeiro passo da análise consiste em explicitar o performativo, o que pode ser feito simplesmente prefixando-o ao proferimento. Assim, se o falante é hierarquicamente superior ao ouvinte, se sua entonação é firme, se o proferimento determina a conduta do ouvinte sem hesitação etc., podemos considerar que se trata de uma ordem e não apenas de um pedido. Por outro lado, variando-se essas características, o proferimento pode se tornar um simples pedido, uma sugestão, até mesmo uma súplica.
2. *Atos implícitos*: atos em que a força ilocucionária tem efeito/opera independentemente de um verbo performativo explícito. Podem ser explicitados por meio de uma reformulação da sentença, como no exemplo dado do cinema, onde "Há um bom filme no cinema da esquina" pode ser interpretado como "Estou convidando-o para ir comigo ver o filme do cinema da esquina". Nesses casos, temos uma simplificação do proferimento por razões de informalidade ou porque o contexto comparti-

lhado e o entendimento mútuo entre falante e ouvinte permitem que não seja necessário dizer tudo explicitamente. Nesse caso, o próprio verbo performativo pode estar ausente do proferimento sem que isso invalide o efeito pretendido. No exemplo, temos duas asserções, dois proferimentos de caráter descritivo, que, contudo, podem ser entendidos como um convite e como a recusa de um convite. Podemos interpretar essa troca linguística dessa maneira se soubermos que ambos os interlocutores são cinéfilos e têm o hábito de ir ao cinema juntos. E se soubermos, ainda, que o amigo que convida sabe que aquele que está sendo convidado considera as provas de matemática particularmente difíceis, precisando de mais tempo para estudar. Mas, certamente, outras interpretações são possíveis, dependendo dos mesmos fatores. Podemos também entender o proferimento "Tenho prova de matemática amanhã" como a aceitação do convite, se quem recebeu esse convite considera que já estudou o suficiente e que seria bom relaxar e estar descansado para fazer a prova no dia seguinte. Dadas as circunstâncias, a interpretação da situação pode variar radicalmente. Podemos ainda entender o proferimento do convite como uma provocação, e assim por diante, bastando imaginar circunstâncias compatíveis com isso. Não se trata aqui, diferentemente de (1), apenas de um verbo performativo omitido, porque a reconstrução não pode ser feita simplesmente pela explicitação do verbo performativo. Assim, não basta acrescentar "Eu convido" ao início do proferimento de "Há um bom filme no cinema da esquina"; e, do mesmo modo, "Eu recuso" ao proferimento de "Tenho prova de matemática amanhã". Faz-se necessária, de fato, para que a explicitação funcione, uma reconstrução do proferimento, vale dizer, uma reformulação da sentença proferida com base na interpretação do contexto. Por exemplo: "Eu o convido para irmos ao cinema da esquina" e "Recuso o seu convite por ter prova de matemática amanhã". Vemos que em ambos os casos essas reconstruções resultam em formulações muito formais, quase artificiais, e dificilmente as diríamos.

3. *Atos oblíquos*: são aqueles, que ao contrário dos anteriores, só podem ser proferidos de forma indireta e com a omissão do verbo performativo, sob pena de sua força ilocucionária e, sobretudo, do efeito pretendido não se realizarem. Funcionam apenas de forma implícita e produzem implicaturas conversacionais, tendo uma força ilocucionária que não pode ser explicitada por colocar em risco o sucesso do ato. Em outras palavras, a força implícita "resiste" a ser explicitada. É o caso da extorsão, da barganha, do suborno, da ironia. Pretendo mostrar que essa força implícita é crucial para a realização do ato. Com efeito, "eu insinuo" e "eu ironizo" não são, nem talvez possam ser, performativos, porque o seu simples proferimento anularia, respectivamente, os efeitos da insinuação e do uso irônico de uma determinada expressão. Pode ser que isso ocorra pelas características desses atos, que funcionam exatamente por serem indiretos, permitindo que algo considerado agressivo, por exemplo, uma ofensa, possa ser dito de modo oblíquo, permanecendo assim uma ambiguidade quanto aos objetivos do falante. Isso possibilita ao falante recuar desses objetivos se interpelado pelo ouvinte, alegando um mal-entendido ou algo parecido. Os atos oblíquos, como insinuações ou ironias, admitem a *reversibilidade* e funcionam em uma zona cinza entre uma interpretação mais literal, menos ofensiva, e uma interpretação irônica ou envolvendo insinuação.

De um ponto de vista metodológico, a questão agora consiste em saber como analisar esses atos, especificamente o caso mais complexo e, por isso, mais interessante: o (3), que se refere aos oblíquos. Seguindo a linha proposta por Searle em "Atos de fala indiretos", na discussão dos atos de fala indiretos, e de Grice, em *Studies in the Way of Words*, na análise das implicaturas conversacionais, trata-se exatamente, nesse caso, de formular um método capaz de explicitar elementos implícitos e de reconstruir a força do ato realizado. É necessário, portanto, retomar a questão: de que forma o que não está dito explicitamente pode produzir significado e força ilocucionária? Isso equivale a considerar a constituição do significado e da força ilocucionária como indo além do nível estritamente linguístico, ou seja, além da sentença proferida (o que Austin denomina locucionário; ver Capítulo 5). Em linhas gerais, a Teoria dos Atos de Fala, levando em conta as questões examinadas, pode ser tomada como paradigma de uma análise genuinamente pragmática da linguagem com as seguintes características básicas:

1. A noção de ação deve ser considerada tão central quanto a de contexto, e a principal razão é que o ato de fala pode modificar os contextos, como ocorre, por exemplo, com diretivos e exercitivos, o que Wittgenstein já mostrava em seus jogos de linguagem;
2. A metodologia de análise deve levar em conta o caráter fragmentário, indireto, implícito e variável da linguagem, sem que isso signifique falhas ou deficiências. Deve ser desenvolvida, contudo, uma visão mais sistemática do que a wittgensteiniana, que permita explicitar os elementos implícitos quando a análise assim o requerer e identificar as forças ilocucionárias dos atos indiretos. Para isso, a classificação de forças ilocucionárias e também os seus critérios devem ser considerados em um sentido pragmático, a fim de que possam ser entendidos como um instrumento cuja função é analisar o funcionamento da linguagem e não descrever a natureza ou a essência da linguagem.

Em síntese, essa proposta metodológica pretende articular a concepção de jogo de linguagem de Wittgenstein, sendo esse jogo jogado de acordo com determinadas regras, com a teoria dos atos de fala de Austin, que considera a noção de uso da linguagem em suas diferentes dimensões. O insucesso dos atos nas situações de comunicação que Austin elabora na Doutrina das Infelicidades (ver Capítulo 5) é fundamental nesse tipo de análise. Todo jogo, todo ato de fala, tem de ser visto dentro de seu contexto. Porém, como contexto é um conceito amplo e impreciso, podemos distinguir a situação em que os participantes do evento comunicacional se encontram e o contexto em um sentido mais geral, por exemplo, um professor que faz uma arguição a um aluno – essa seria a situação de uso, no contexto da sala de aula. Contexto pode ainda ser entendido em um sentido histórico, como a Era Vargas, o governo militar; ou social, onde se incluem o contexto urbano e o rural.

Os atos de fala indiretos de Searle têm um papel central nesse tipo de análise, e as máximas conversacionais nos permitem, efetivamente, construir um método para a reconstrução interpretativa e a explicitação dos elementos contidos em uma troca linguística estratégica do tipo que Grice propõe examinar, quase sempre consistindo em atos indiretos. Formulamos então uma tipologia que distingue três tipos de atos indiretos: elípticos, implícitos e oblíquos. Distinguir efeitos, resultados e consequências na realização dos atos nos permite ainda examinar o ato em seu uso concreto. Esses são, em linhas gerais, os ingredientes principais do método que proponho adotar e cujo teste são os exercícios de análise que podemos realizar. Seguem dois exemplos ilustrativos simples, no Capítulo 7.

7. Exercícios de análise do discurso indireto

> "Quem é você que não sabe o que diz?
> Ai, ai meu Deus, que palpite infeliz!"
> Noel Rosa, "Palpite infeliz"

Ao final de *Quando dizer é fazer*, John Langshaw Austin insistia em que o mais importante em sua proposta era a possibilidade de desenvolvimento de um método, ou métodos, de análise da linguagem em situações concretas e com objetivos determinados. Esse é um dos principais desafios da pragmática. Pois, se a análise pragmática da linguagem defende a importância da consideração da linguagem concreta, é necessário formular métodos de análise que deem conta da interpretação dos atos de fala realizados por esses discursos. Isso é particularmente relevante, como apontado no Capítulo 6, no caso dos atos de fala indiretos, quando o método deve permitir a reconstrução ou explicitação de elementos implícitos, e mesmo ocultos, na realização do ato e na determinação das forças em jogo.

Como exercício de aplicação do método que articulei ao longo deste livro, proponho a análise de dois textos representativos das distinções aqui discutidas: o conto "Psicopata ao volante", de Fernando Sabino, extraído de *A falta que ela me faz*, e o conto "A aliança", de Luis Fernando Verissimo, do livro *As mentiras que os homens contam*. O método adotado, na linha do exposto no final do Capítulo 6, combina os elementos apresentados por John R. Searle (no Capítulo 1 de *Expressão e significado*) em sua análise das *condições constitutivas das forças ilocucionárias* dos atos de fala com a formulação de H.P. Grice (em *Studies in the Way of Words*) das *máximas conversacionais* que possibilitam a análise das *implicaturas*. A ideia é mostrar como a violação de pressupostos da comunicação, como inteligibilidade, veracidade, clareza e relevância, leva o ouvinte a fazer inferências sobre os objetivos implícitos do falante.

O método deve, ainda, incluir elementos que permitam a consideração não só de pressupostos e condições de possibilidade de realização dos atos, mas também, em um sentido essencial para a análise pragmática, a verificação dos efeitos, das consequências e dos resultados dos atos. Um de seus aspectos centrais é o exame das expectativas que o falante gera no ouvinte e vice-versa, levando-se em conta o quanto tais expectativas se concretizam ou não e quais as consequências disso, tanto em um caso como em outro. O método implica igualmente a visão da linguagem como estratégia, referindo-se esta aos meios que o falante adota para cumprir seus objetivos. A análise pragmática da linguagem na concepção performativa depende centralmente da consideração do ato de fato realizado e do seu contraste com os objetivos iniciais do falante, tendo em vista explicitar os efeitos e as consequências visados e os obtidos.

A limitação dos exercícios propostos a seguir deve-se ao fato de se tratarem de textos literários e, portanto, de uma construção que depende da criatividade de autores com objetivos definidos. Os textos foram selecionados por caracterizar formas de uso indireto da linguagem – e é nesse sentido que os analisamos (e não enquanto discursos literários).

Texto 1:
Psicopata ao volante

[1] David passava de carro às onze horas de certa noite de sábado por uma rua de [2] Botafogo, quando um guarda o fez parar:

[3] – Seus documentos, por favor.

[4] Os documentos estavam em ordem, mas o carro não estava: tinha um dos faróis [5] queimado.

[6] – Vou ter de multar – advertiu o guarda.

[7] – Está bem – respondeu David, conformado.

[8] – Está bem? O senhor acha que está bem?

[9] O guarda resolveu fazer uma vistoria mais caprichada, e deu logo com outras [10] irregularidades:

[11] – Eu sabia! Limpador de para-brisa quebrado, folga na direção, freio desregulado. [12] Deve haver mais coisa, mas para mim já chega. Ou o senhor acha pouco?

[13] – Não, para mim também já chega.

[14] – Vou ter de recolher o carro, não pode trafegar nessas condições.

[15] – Está bem – concordou David.

[16] – Não sei se o senhor me entendeu: eu disse que vou ter de recolher o carro.

[17] – Entendi sim: o senhor disse que vai ter de recolher o carro. E eu disse que está [18] bem.

[19] – O senhor fica aí só dizendo está bem.

[20] – Que é que o senhor queria que eu dissesse? Respeito sua autoridade.

[21] – Pois então vamos.

[22] – Está bem.

[23] Ficaram parados, olhando um para o outro. O guarda, perplexo: será que ele não [24] está entendendo? Qual é a sua, amizade? E David, impassível: pode desistir, [25] velhinho, que de mim tu não vê a cor do burro de um tostão. E ali ficariam o resto [26] da noite a se olhar em silêncio, a autoridade e o cidadão flagrado em delito, se o [27] guarda enfim não se decidisse:

[28] – O senhor quer que eu mande vir o reboque ou prefere levar o carro para o depósito [29] o senhor mesmo?

[30] – O senhor é que manda.

[31] – Se quiser, pode levar o senhor mesmo.

[32] Sem se abalar, David pôs o motor em movimento:

[33] – Onde é o depósito?

[34] O guarda contornou rapidamente o carro pela frente, indo sentar-se na boleia:

[35] – Onde é o depósito… O senhor pensou que ia sozinho? Tinha graça!

[36] Lá foram os dois por Botafogo afora, a caminho do depósito.

[37] – O senhor não pode imaginar o aborrecimento que ainda vai ter por causa disso – o [38] guarda dizia.

[39] – Pois é – David concordava: – Eu imagino.

[40] O guarda o olhava, cada vez mais intrigado:

[41] – Já pensou na aporrinhação que vai ter? A pé, logo numa noite de sábado. Vai ver [42] que tinha aí o seu programinha para esta noite… E amanhã é domingo, só vai poder [43] pensar em liberar o carro a partir de segunda-feira. Isto é, depois de pagar as multas [44] todas…

[45] – É isso aí. – E David olhou, penalizado:

[46] – Estou pensando também no senhor, se aborrecendo por minha causa, perdendo [47] tempo comigo numa noite de sábado, vai ver até que estava de folga hoje…

[48] – Pois então? – reanimado, o guarda farejou um entendimento: – Se o senhor [49] quisesse, a gente podia dar um jeito… O senhor sabe, com boa vontade, tudo se [50] arranja.

Exercícios de análise do discurso indireto 105

[51] – É isso aí, tudo se arranja. Onde fica mesmo o depósito?

[52] O guarda não disse mais nada, a olhá-lo fascinado. De repente ordenou, já à altura [53] do Mourisco:

[54] – Pare o carro! Eu salto aqui.

[55] David parou o carro e o guarda saltou, batendo a porta, que por pouco não se [56] despregou das dobradiças. Antes de se afastar, porém, debruçou-se na janela e [57] gritou:

[58] – O senhor é um psicopata!

No diálogo entre David e o guarda de trânsito temos uma ilustração de como a comunicação se constitui a partir do jogo de expectativas do guarda em relação a David e de David em relação ao guarda. O macro ato de fala pode ser caracterizado como uma extorsão, ou tentativa de extorsão. Isso faz com que tudo aquilo que é dito pelos interlocutores passe a ser entendido a partir do objetivo do guarda, que é extorquir, e do objetivo de David, que é evitar a extorsão lançando mão de uma estratégia.

"Extorquir" não é exatamente um verbo ilocucionário por se referir a um ato que só pode se realizar de forma indireta. Em outras palavras: o objetivo de extorquir não deve, de modo geral, ser explicitado durante o processo de comunicação sob pena de não se realizar, já que se trata de crime e pode ser denunciado. É necessário então recorrer a dois atos de fala oblíquos para indicar o objetivo da extorsão: a *insinuação* e a *ameaça*.

Desde o início, o guarda ameaça David com uma multa e com o recolhimento do carro [6, 14]. David, interpretando o objetivo do guarda de extorquir-lhe dinheiro, decide responder como se o tivesse entendido apenas no sentido literal, negando o reconhecimento do objetivo pretendido [7, 15, 17, 21]. E ao optar, estrategicamente, por interpretar a fala do guarda em sentido literal, opera com uma ambiguidade inerente à linguagem. O guarda vê suas expectativas em relação a seu interlocutor se frustrarem, visto que este não age, ou melhor, não reage como esperado [8, 16, 19].

Crenças e hábitos compartilhados, nesse caso, fazem com que o guarda espere que David pague uma propina e com que David blefe para ver até onde o guarda vai na explicitação de seus objetivos, já que supõe que ele não poderá fazê-lo abertamente [24, 25]. O ponto interessante da troca linguística nesse diálogo é que David finge não reconhecer o objetivo da extorsão [20], enquanto o guarda continua, num crescendo de insinuações e ameaças, a fim de alcançar o seu objetivo [16, 41-44]. David identifica, assim, a força oblíqua do ato, mas, como esta é oblíqua, decide negá-la ou não reconhecê-la, dificultando a consecução do objetivo do guarda.

Trata-se de uma situação típica de conflito em que cada interlocutor tem propósitos opostos e age de forma estratégica com a finalidade de derrotar o outro. Há um momento em que se dá um impasse ("e ficariam ali o resto da noite a se olhar em silêncio"), o silêncio significando aqui negação do diálogo, interrupção da interação [26-27].

David nega o reconhecimento do objetivo do guarda, embora o tenha reconhecido; o guarda insiste até onde pode, mas, no fim, desiste [52]. David consegue, assim, evitar a extorsão. O desabafo final do guarda significa exatamente isto: David é um "psicopata" [58] porque não parece reconhecer o jogo, não aceita participar dele, recusa o que o guarda lhe propõe de modo implícito, não age como esperado. Como o objetivo do guarda fica apenas insinuado, David pode interpretá-lo ao pé da letra, fingindo não reconhecer as ameaças e insinuações e, assim, impedir que o guarda realize esse objetivo.

O diálogo funciona, de forma simultânea, em dois planos: o literal e o indireto. Em nenhum momento David recusa o que o guarda lhe propõe indiretamente; apenas finge não entender, criando uma armadilha para ele, que precisa se fazer mais explícito. Atos indiretos, como a ameaça insinuada, estão sujeitos à não aceitação. Assim como o falante, se interpelado, pode, devido à ambiguidade da situação, recuar de seu objetivo e negar a

Exercícios de análise do discurso indireto

insinuação, também o ouvinte pode se recusar a entender a ameaça e a extorsão insinuadas, aceitando cumprir as ordens do guarda, "respeitando sua autoridade".

A negação considerada em um sentido pragmático, enquanto performativo, pode se realizar de forma indireta através do modo como falante e ouvinte interagem. Ou seja, ambos os interlocutores negam os objetivos um do outro, adotam objetivos divergentes e jogam com as expectativas recíprocas, o que pode fazer com que os atos pretendidos não se realizem. No discurso examinado, atos indiretos, como ameaças veladas e insinuações por meio das quais a extorsão poderia se concretizar, não se realizam de modo pleno justamente porque David opta por interpretar tudo que é dito pelo guarda no plano literal.*

Texto 2:
A aliança

Esta é uma história exemplar, só não está muito claro qual é o exemplo. De qualquer jeito, mantenha-a longe das crianças. Também não tem nada a ver com a crise brasileira, o *apartheid*, a situação na América Central ou no Oriente Médio ou a grande aventura do homem sobre a Terra. Situa-se no terreno mais baixo das pequenas aflições da classe média. Enfim. Aconteceu com um amigo meu. Fictício, claro.

Ele estava voltando para casa como fazia, com fidelidade rotineira, todos os dias à mesma hora. Um homem dos seus quarenta anos, naquela idade em que já sabe que nunca será o dono de um cassino em Samarkand, com diamantes nos dentes, mas ainda pode

---

* Trata-se de nova versão da análise apresentada em D. Marcondes, "Aspectos pragmáticos da negação", *O Que Nos Faz Pensar*.

esperar algumas surpresas da vida, como ganhar na loto ou furar-lhe um pneu. Furou-lhe um pneu. Com dificuldade ele encostou o carro no meio-fio e preparou-se para a batalha contra o macaco, não um dos grandes macacos que o desafiavam no jângal dos seus sonhos de infância, mas o macaco do seu carro tamanho médio, que provavelmente não funcionaria, resignação e reticências... Conseguiu fazer o macaco funcionar, ergueu o carro, trocou o pneu e já estava fechando o porta-malas quando a sua aliança escorregou pelo dedo sujo de óleo e caiu no chão. Ele deu um passo para pegar a aliança do asfalto, mas sem querer a chutou. A aliança bateu na roda de um carro que passava e voou para um bueiro. Onde desapareceu diante dos seus olhos, nos quais ele custou a acreditar. Limpou as mãos o melhor que pôde, entrou no carro e seguiu para casa. Começou a pensar no que diria para a mulher. Imaginou a cena. Ele entrando em casa e respondendo às perguntas da mulher antes de ela fazê-las.

– Você não sabe o que me aconteceu!

– O quê?

– Uma coisa incrível.

– O quê?

– Contando ninguém acredita.

– Conta!

– Você não nota nada de diferente em mim? Não está faltando nada?

– Não.

– Olhe.

E ele mostraria o dedo da aliança, sem a aliança.

– O que aconteceu?

E ele contaria. Tudo, exatamente como acontecera. O macaco. O óleo. A aliança no asfalto. O chute involuntário. E a aliança voando para o bueiro e desaparecendo.

– Que coisa – diria a mulher, calmamente.
– Não é difícil de acreditar?
– Não. É perfeitamente possível.
– Pois é. Eu...
– SEU CRETINO!
– Meu bem...
– Está me achando com cara de boba? De palhaça? Eu sei o que aconteceu com essa aliança. Você tirou do dedo para namorar. É ou não é? Para fazer um programa. Chega em casa a esta hora e ainda tem a cara de pau de inventar uma história em que só um imbecil acreditaria.
– Mas, meu bem...
– Eu sei onde está essa aliança. Perdida no tapete felpudo de algum motel. Dentro do ralo de alguma banheira redonda. Seu sem-vergonha!

E ela sairia de casa, com as crianças, sem querer ouvir explicações.

Ele chegou em casa sem dizer nada. Por que o atraso? Muito trânsito. Por que essa cara? Nada, nada. E, finalmente:

– Que fim levou a sua aliança?

E ele disse:

– Tirei para namorar. Para fazer um programa. E perdi no motel. Pronto. Não tenho desculpas. Se você quiser encerrar nosso casamento agora, eu compreenderei.

Ela fez cara de choro. Depois correu para o quarto e bateu com a porta. Dez minutos depois reapareceu. Disse que aquilo significava uma crise no casamento deles, mas que eles, com bom senso, a venceriam.

– O mais importante é que você não mentiu pra mim.

E foi tratar do jantar.

H.P. Grice nos mostra como a comunicação parte das expectativas do falante sobre o ouvinte (ver Capítulo 6). Com base nessas expectativas, o falante define a estratégia discursiva que acredita poder levá-lo a alcançar seus objetivos. O macro ato de fala dessa crônica de Luis Fernando Verissimo pode ser considerado uma confissão. Na crônica, um homem perde acidentalmente sua aliança de casamento ao trocar o pneu do carro. Em nossa sociedade, a aliança de casamento tem um forte caráter simbólico, significando elo, compromisso e, sobretudo, evidência do estado civil de alguém, definindo assim o seu papel social. Institui, portanto, um significado não verbal.

Perplexo com o acontecido e apreensivo com a possível reação da mulher ao vê-lo chegar em casa sem a aliança, o homem imagina um diálogo entre ambos em que ele diria a verdade, relatando exatamente como perdera por acidente a aliança. Percebe então, dado o contexto, quão pouco plausível soaria esse seu relato, apesar de verdadeiro. Temos aí um conflito entre a máxima da verdade e a da relevância. Trata-se de uma verdade que soa como mentira, e que, segundo o falante supõe, será assim entendida, como mentira, com a força ilocucionária da desculpa por uma infidelidade conjugal. Na crônica, o contexto – as crenças compartilhadas, os valores sociais e os pressupostos do discurso – definiria o desencadeamento do diálogo e as suas consequências: o conflito, a ruptura entre o falante (o marido) e a ouvinte (sua mulher).

Partindo desse diálogo imaginário que caracteriza suas expectativas em relação à ouvinte, o marido pensa estrategicamente e procura um modo de evitar o desenlace de ruptura. Seu objetivo estratégico é manter a relação conjugal, ameaçada pela perda da aliança, elemento simbólico, o que sinalizaria mudança de estado civil. O diálogo imaginário antecipa o diálogo real e o influencia. O pressuposto é que é melhor dizer a verdade do que dar uma desculpa pouco plausível. Entretanto, o acontecimento real soa como uma desculpa e seria recebido dessa forma, como uma tentativa de dar uma justificativa que possivelmente não seria aceita. O marido decide então, estrategicamente, dizer algo falso que, supõe, será interpretado como verdadeiro. Trata-se de confessar uma traição conjugal que não cometeu na expectativa de que, dadas as convenções da vida conjugal, a confissão seja mais bem aceita do que o relato implausível de algo efetivamente ocorrido.

Assim, no diálogo que de fato se segue (*versus* o relato imaginário anterior), o marido "confessa" uma traição, afirma não ter desculpas para isso e admite que a mulher terá razão se resolver terminar o casamento. Seu ato de fala descritivo dos fatos tem a força ilocucionária de uma confissão. Ao alegar que não tem como pedir desculpas, o faz de modo indireto. O caráter explícito, direto, da confissão tem como objetivo estratégico antecipar a reação negativa da mulher e esvaziá-la, atenuar a sua força. A reação da mulher é a esperada. Sua resposta é não verbal, indicando a ruptura da comunicação. Interrompe a comunicação e sinaliza sua rejeição ao interlocutor.

Após essa breve interrupção, contudo, o suposto é que a mulher reflita sobre o ocorrido e pese as consequências. À medida que ela revê suas expectativas e seus interesses, retoma o diálogo afirmando que se trata de uma crise que pode ser superada. E acrescenta, justificando sua decisão, que o que a fez se decidir foi a sinceridade e a honestidade do marido, dois pressupostos centrais do diálogo. O objetivo do marido é alcançado pelo ato indireto de confissão de uma traição não cometida – o fato no mundo se ajusta ao discurso, segundo a análise de John R. Searle (Capítulo 5). O entendimento mútuo é retomado, a relação se recompõe, volta-se à rotina. O falante, ao mentir, produz o efeito de ter dito a verdade.

Conclusão

Partimos da concepção de que a linguagem é uma forma de ação em um contexto. No espírito de Wittgenstein, a linguagem – ou seja, as palavras e expressões que usamos – deve ser vista sempre como indissociável das práticas, dos hábitos, dos gestos do falante, dos objetos no mundo, de todo o cenário que compõe esse contexto. Portanto, quando dizemos "linguagem", na perspectiva da pragmática estamos incluindo sempre o verbal e o não verbal.

É através desses elementos que se dá o que denominamos uso indireto da linguagem, quando o significado e a força ilocucionária extrapolam o que é dito explicitamente. Nesse sentido, quase todo uso é indireto. E, embora falantes possam escolher o que pretendem dizer, a linguagem ultrapassa esses objetivos e essas intenções. Não temos controle total sobre a linguagem que utilizamos, sobre seus pressupostos, suas ambiguidades, as evocações que todo discurso permite, os efeitos variáveis sobre nossos ouvintes e interlocutores, para além de nossas intenções e expectativas.

Assim, os elementos implícitos são sempre constitutivos do significado, mesmo quando não percebemos. Usos estratégicos da linguagem – como na sedução, em que queremos atrair o interlocutor para o que é de nosso interesse – dependem, inevitavelmente, desses elementos cuja presença muitas vezes permanece não detectada e pode até ser mais eficaz sendo indireta. Austin nos mostra em sua Doutrina das Infelicidades que, com frequência, só nos damos conta disso quando fracassamos em nossos objetivos. São essas as armadilhas da linguagem.

Mas se o discurso – os atos de fala – não coincide apenas com o que é de fato dito, com o que é proferido verbalmente, indo muito além disso, podemos nos perguntar: quanto além? O que devemos incluir em nossa análise, afora os proferimentos verbais? Isso dependerá apenas de nossas perplexidades, nossos interesses, nossas escolhas, do que pretendemos esclarecer, elucidar, trazer à tona, expor. Esse o sentido da análise crítica que empregamos aqui. Dessa forma, nosso objeto de análise é amplo e sem contornos precisos. Cabe delimitá-lo em função das questões que nos servem de ponto de partida e que podem nos revelar perspectivas diversas sobre o mesmo objeto. Diferentes questões levarão a diferentes resultados. A análise é sempre provisória e em aberto. O exercício de interpretação, como todo exercício filosófico, é sempre inesgotável.

Referências bibliográficas

ACKRILL, John L. *Aristotle's Categories and De Interpretatione*. Oxford, Clarendon Press, 1963.
AGOSTINHO, santo. *A doutrina cristã*. São Paulo, Paulinas, 1991.
_____. *O mestre*. São Paulo, Paulus, 2008.
ALSTON, William. *Filosofia da linguagem*. Rio de Janeiro, Zahar, 1972.
ARISTÓTELES. *De Interpretatione*. Col. Loeb Classical Library. Cambridge, Harvard University Press, 1983.
AUSTIN, John Langshaw. *Quando dizer é fazer*. Porto Alegre, Artes Médicas, 1990.
_____. *Philosophical Papers*. Oxford, Oxford University Press, 1970.
AYER, Alfred Jules. *Philosophy in the Twentieth Century*. Londres, Counterpoint, 1982.
BAR-HILLEL, Yehoshua. "Indexical expressions", *Mind*, vol.63, n.25, jul 1954, p.359-79.
BAUDRILLARD, Jean. *Da sedução*. Campinas, Papirus, 1981.
BLOUNT, Ben (org.). *Language, Culture and Society*. Cambridge, Winthrop, 1974.
BRANDON, Robert. *Making it Explicit*. Cambridge, Harvard University Press, 1994.
BUTLER, Judith. *Excitable Speech: A Politics of the Performative*. Londres, Routledge, 1997.
CARNAP, Rudolf. *The Logical Syntax of Language*. Londres, Routledge & Kegan Paul, 1937.
_____. *Foundations of Logic and Mathematics*. Chicago, University of Chicago Press, 1938.
CARROLL, Lewis. *Alice, edição comentada*. Introdução e notas de Martin Gardner. Rio de Janeiro, Zahar, 2002.
CASSIN, Bárbara. *Ensaios sofísticos*. São Paulo, Siciliano, 1990.
CHOMSKY, Noam. *Arquitetura da linguagem*. São Paulo, Edusp, 2008.
COFFA, Alberto J. *The Semantic Tradition from Kant to Carnap*. Cambridge, Cambridge University Press, 1991.
DERRIDA, Jacques. *Margens da filosofia*. Campinas, Papirus, 1971.
_____. *Gramatologia*. São Paulo, Perspectiva, 1973.
DESCARTES, René. *Discurso do método*. Brasília, UnB, 1981.

_____. *Meditações metafísicas*, in *Obra escolhida*. Rio de Janeiro, Bertrand, 1994.
FELMAN, Soshana. *Le scandale du corps parlant: Don Juan avec Austin*. Paris, Seuil, 1980.
FREUD, Sigmund. "O início do tratamento", in *Sigmund Freud: Obras Completas*, vol.10, São Paulo, Companhia das Letras, 2010 / in *Edição Standard Brasileira das obras psicológicas de Sigmund Freud*, vol.12, Rio de Janeiro, Imago, 1970-77.
FURBERG, Mats. *Saying and Meaning*. Oxford, Blackwell, 1971.
GAZDAR, Gerald. *Pragmatics*. Nova York, Academic Press, 1979.
GEERTZ, Clifford. *A interpretação das culturas*. Rio de Janeiro, LTC, 2008.
GOLDSCHMIDT, Victor. *Essai sur le "Cratyle"*. Paris, Vrin, 1982.
GREENE, Graham. *O americano tranquilo*. São Paulo, Abril Cultural, 1981.
GRICE, H.P. *Studies in the Way of Words*. Cambridge, Harvard University Press, 1990.
HABERMAS, Jürgen. *Pensamento pós-metafísico*, Rio de Janeiro, Tempo Brasileiro, 1990.
_____. *A lógica das ciências sociais*. Petrópolis, Vozes, 2009.
_____. *Teoria do agir comunicativo*. São Paulo, Martins Fontes, 2012.
HACKING, Ian. *Por que a linguagem interessa à filosofia?*. São Paulo, Unesp, 1999.
HOLTZMAN, Steven e Christopher Leich (orgs.). *Wittgenstein: To Follow a Rule*. Londres, Routledge, 1981.
International Encyclopedia of Unified Science. Chicago, University of Chicago Press, 1938.
JACQUES, Francis. *Dialogiques*. Paris, PUF, 1979.
_____. *L'Espace logique de l'interlocution*. Paris, PUF, 1985.
JEAN, Georges. *Signs, Symbols and Ciphers*. Nova York, Abrams, 1998.
KANT, I. *Crítica da razão pura*. Lisboa, Gulbenkian, 2ª ed., 1989.
KRISTEVA, Julia. *Le langage: cet inconnu*. Paris, Seuil, 1981.
LEVINSON, Stephen. *Pragmatics*. Cambridge, Cambridge University Press, 1983.
LOCKE, John. *Ensaio sobre o entendimento humano*. Col. Os Pensadores. São Paulo, Abril, 1975.
MARCONDES, Danilo. "Desenvolvimentos recentes na teoria dos atos de fala", *O Que Nos Faz Pensar*, Cadernos do Departamento de Filosofia da PUC-Rio, n.17, 2003.
_____. "Em defesa de uma concepção pragmática de linguagem", *Revista Gragoatá*, Departamento de Letras, UFF, 2005.
_____. *A pragmática na filosofia contemporânea*. Rio de Janeiro, Zahar, 2006.
_____. "Wittgenstein", in Rossano Pecoraro (org.). *Os filósofos: clássicos da filosofia*, vol.II. Petrópolis/Rio de Janeiro, Vozes/PUC-Rio, 2008.

_____. "Aspectos pragmáticos da negação", *O Que Nos Faz Pensar*, Cadernos do Departamento de Filosofia da PUC-Rio, n.23, 2008.

_____. *Textos básicos de linguagem: de Platão a Foucault*. Rio de Janeiro, Zahar, 2010.

_____. *Filosofia, linguagem e comunicação*. São Paulo, Cortez, 5ª ed., 2012.

MILLER, Jr., Fred. "Actions and results", *Philosophical Quarterly*, vol.25, n.101, 1975.

MONK, Ray. *Wittgenstein, o dever do gênio*. São Paulo, Companhia das Letras, 1995.

OGDEN, Charles K. e I.A. Richards. *O significado de significado*. Rio de Janeiro, Zahar, 1972.

OLIVEIRA, Manfredo Araújo. *Reviravolta linguístico-pragmática na filosofia contemporânea*. São Paulo, Loyola, 1996.

PEARS, David. "Wittgenstein and Austin", in Bernard Williams e Alan Montefiore (orgs.). *British Analytical Philosophy*. Londres, Routledge, 1966.

PINKER, Steven. *The Language Instinct*. Nova York, William Morrow and Co., 1994.

_____. *The Stuff of Thought: Language as a Window into Human Nature*. Nova York, Viking, 2007.

RONDINELLI, Henrique. *Quando curtir é fazer*. Trabalho final da disciplina Filosofia da Linguagem, Curso de graduação em Filosofia, PUC-Rio, 2013, inédito.

RORTY, Amélie O. *Essays on Descartes' Meditations*. Berkeley, California University Press, 1986.

RORTY, Richard. *The Linguistic Turn*. Chicago, Chicago University Press, 1967.

_____. *A filosofia e o espelho da natureza*. Rio de Janeiro, Relume-Dumará, 1984.

RUSSELL, Bertrand. *A filosofia do atomismo lógico*. Col. Os Pensadores. São Paulo, Abril, 1975.

RYLE, G. *Linguagem ordinária*. Col. Os Pensadores. São Paulo, Abril, 1975.

SABINO, Fernando. "Psicopata ao volante", in *A falta que ela me faz*. Rio de Janeiro, Record, 14ª ed., 1980.

SAUSSURE, Ferdinand de. *Curso de linguística geral*. São Paulo, Cultrix, 2006.

SCHAUER, Frederick. *Playing by the Rules*. Oxford, Oxford University Press, 1991.

SCHEGLOFF, Emanuel A. *Sequence Organization in Interaction: A Primer in Conversation Analysis*. Cambridge, Cambridge University Press, 2006.

SEARLE, John R. *Speech Acts*. Cambridge, Cambridge University Press, 1969.

_____. *Expression and Meaning*. Cambridge, Cambridge University Press, 1979.

_____. *Mente, linguagem e sociedade*. Rio de Janeiro, Rocco, 2000.

_____ e Daniel Vanderveken. *Foundations of Illocutionary Logic*. Cambridge, Cambridge University Press, 1985.

_____ et al. *(On) Searle on Conversation*. Amsterdã, John Benjamins, 1992.

SKINNER, Quentin. "Social meaning and the explanation of social action", in Peter Laslett et al. *Philosophy, Politics and Society*, IV. Oxford, Blackwell, 1972.

SOUZA FILHO, Danilo Marcondes. "Dialogue breakdowns", in Marcelo Dascal (org.). *The Dialogue: An Interdisciplinary Approach*. Amsterdã, John Benjamins, [1985], 2ª impress., 2012.

TAYLOR, Talbot J. *Mutual Misunderstanding*. Durham, Duke University Press, 1992.

TUGENDHAT, Ernst. "Wittgenstein e a impossibilidade de uma linguagem privada", *Novos Estudos Cebrap*, n.32, 1992, p.47-63.

VERISSIMO, Luis Fernando. "A aliança", in *As mentiras que os homens contam*. Rio de Janeiro, Objetiva, 2000.

WITTGENSTEIN, L. *Investigações filosóficas*. Col. Os Pensadores. São Paulo, Abril, 1975.

_____. *Tractatus logico-philosophicus*. São Paulo, Edusp, 1993.

VANDERVEKEN, Daniel. *Meaning and Speech Acts*. Cambridge, Cambridge University Press, 1990.

_____. "Illocutionary logic and discourse typology", *Cahiers d'Épistémologie* n.263, Université de Québec à Montreal, 1999.

_____ e Susumu Kubo (orgs.). *Essays in Speech Act Theory*. Amsterdã, John Benjamins, 2001.

VAN DIJK, Teun. *Text and Context*. Londres, Longman, 1977.

VENDLER, Zeno. "Effects, results and consequences", in R.J. Butler (org.). *Analytical Philosophy*. Oxford, Blackwell, 1966.

 A marca FSC® é a garantia de que a madeira utilizada na fabricação do papel deste livro provém de florestas de origem controlada e que foram gerenciadas de maneira ambientalmente correta, socialmente justa e economicamente viável.

Este livro foi composto por Mari Taboada em Minion Pro 11/15 e impresso em papel offset 90g/m² e cartão triplex 250g/m² por Geográfica Editora em fevereiro de 2017.

Publicado no ano do 60º aniversário da Zahar, editora fundada sob o lema "A cultura a serviço do progresso social".